KB028237

엄마의 20년

엄마의
20년

**엄마의
세계가 클수록**

**아이의
세상이 커진다**

오소희 지음

수오서재

엄마의 20년

한 살 두 살 세 살,

처음 3년은 너를 먹이고 재우고
그저 건강히 잘 키우는 데 쓰마.
너의 미소도
너의 똥도
모두 나를 미치게 할 것이다.
나는 미치도록 행복했다가
미치도록 힘겨울 것이다.
이런 '미침'은 엄마만의 뜨거운 특권.
나는 웃다가,
울다가,
그 어떤 경우라도
다시 네 자그만 손바닥 냄새를 맡고 일어설 것이다.

네 살 다섯 살 여섯 살 일곱 살,

이 4년은 너와 함께하는 순간마다
뛰고 웃고 노래하는 데 쓰마.
봄의 꽃나무 아래를 함께 걸을 것이다.
가을 낙엽 위를 함께 뒹굴 것이다.
너는 시인의 어휘로 꽃과 낙엽을 낭송할 것이고
나는 그것을 오롯이 음미하는 영광스런 청중이 될 것이다.

어쩌면 너는 킥보드를 타다 넘어져 몇 바늘 꿰매기도 할 것이다.
그리고 왕성히 회복할 것이다.
내가 아파 누우면 내 이마에 흥건한 물수건을 올려주며
제법 근심스런 표정을 짓기도 할 것이다.

우리는 이 하루하루가
엄마와 자식 사이의 황금기임을 알 것이다.
알기에 제대로 누리며 살아갈 것이다.

여덟 살 아홉 살 열 살 열한 살 열두 살,

이 5년은 네가 네 방식대로
생을 펼치는 것을 받아들이는 데 쓰마.
내 잣대로 너를 판단하지 않을 것이다.
세상의 잣대로 너를 속단하지 않을 것이다.
만약 네가 세상의 잣대로 잘하는 아이라면
그 또한 내게는 기쁨일 것이다.

하지만 만약 네가 세상의 잣대로 못하는 아이라도
나는 크게 걱정하지 않을 것이다.
엄마인 내가 그 누구보다 너만의 장점을 잘 알고 있으니,
인간은 누구나 자신의 장점으로 생을 일구는 법을
배우게 되어 있으니, 유사 이래 내내 그래 왔으니,
시절의 겁박에 새삼스레 오그라들어
너를 들볶지는 않을 것이다.

이때의 내 진정한 숙제는
이전에 겹쳐 있던 너와 나의 생을 따로 떼어놓고
나란히 세우는 법을 배우는 일.
나는 네게 부끄럽지 않을 만큼

나의 세계를 가꿀 것이다.

네가 너의 생을 펼칠 때에 궁금한 것이 있다면

가끔 나의 세계를 노크하고 참고할 수 있도록.

열세 살 열네 살 열다섯 살 열여섯 살,

이 4년은 너를 모른 척하는 데 쓰마.

네가 네 길을 네 식으로 모색할 수 있도록.

나의 방해로 인해

아예 모색의 길을 떠나지 못한다거나,

모색의 길에서 중간에 돌아온다거나,

그런 비극이 없도록 나는 빠져 있어 주마.

믿으면서,

너를 믿으면서,

너를 믿는 나를 믿으면서,

나는 담담히 내 세계를 가꾸고 있을 것이다.

네 인생이다.

기성화된 내 눈에

너는 실컷 아둔하게 방황하라.

실컷 기이하게 방황하라.

너는 신세대.

내가 알지 못하는 세상을

내가 이해할 수 없는 방식으로

살아갈 특권이 네게 있다.

늙은이들의 약아빠진 조언에 겁먹지 마라.

꽉 막힌 세상의 셈법에 굴복하지도 마라.

예비해두지도 마라.

탕진해도

방전되어도 좋다.

밧데리가 다 나가 기절하고 깨어난 뒤

현기증을 느끼며

네가 첫 눈을 뜨고 볼 세상,

거기서부터 시작이다.

그것이 네 것이다.

열일곱 살 열여덟 살 열아홉 살,

이 3년은 내가 할 일이 많지 않을 것이다.
네가 모색한 바를 내게 들고 와 구체적인 도움을 요청할 것이니.
진실로 나의 할 일은 그 항목을 충족시키는 데에 그칠 것이다.
너는 이미 나의 한계를 잘 알고 있다.
그래서 애초에 내가 줄 수 있는 만큼의 도움만을 요구할 것이다.
사실 네가 내 눈에 띄는 시간도 많지 않을 것이다.
나는 네가 여덟 살이 된 이래로
홀로 담담히 가꿔왔던 내 세계에 집중할
더 많은 자유를 얻을 것이다.

우리는 서로에게 목매지 않을 것이다.
그 어떤 부담도 주지 않을 것이다.
두 개의 서로 다른 세계를 존중할 것이다.

나는 네 젊은 세계에 감탄할 것이다.
네 무모함과,
네 불안정함과,
그럼에도 두려움을 꾹꾹 누르고 나아가는
네 의지에 감탄할 것이다.

너는 가끔 생각난 듯
나의 세계를 힐끗 들여다볼 것이다.
그것이 잘 돌아가기만 한다면, 그래, 되었다는 듯
한번 따끈히 안아주고
총총히 네 바쁜 세계로 돌아갈 것이다.

힐끗, 네 한 번의 시선과
따끈한 네 한 번의 허그,
그것으로 되었다.
나는 또 살아갈 것이다.

스무 살,

너는 어른이 되었다.

'엄마'라고 쓰고 '부모'라고 읽는다.

이 책에서 편의상 사용한 '엄마'라는 단어가

'부모'로 완벽히 대체되는

육아 양성평등의 그날을 꿈꾸며.

◇

차
례

시작하며 던지는 세 가지 질문

1부

대한민국 엄마들은
왜 '나'를 잃어버렸나?

2부
어떻게 '나'를 찾을 것인가?

1. 가정에서 분리된 자아 찾기

2. 세상을 변화시키는 자아 찾기

3. 그 언니의 '엄마의 20년'

사랑하는 나의 시스터,

당신은 엄마가 되었지만

여전히 무궁무진한 능력을 가졌습니다.

당신에게 기회를 주세요.

시작하며 던지는
세 가지 질문

대한민국 엄마들은 왜
"나를 찾고 싶다"고 할까요?

평일 오전, 강연장에서 엄마들을 만났습니다.
아이를 어린이집이나 학교에 보내고,
잠시 자유로운 틈을 타
강의를 들으러 오는
전업맘들.

대부분의 엄마들이 낮 동안 무슨 활동을 하든
공허하다고 했어요.
돈, 돈, 하는 사회에서
경제적인 활동을 하지 않으면
'집에서 논다'고 치부해버리기 때문에.
보다 의미 있고 인정받는 역할을 찾고 싶지만
어디서 어떻게 시작해야 하는 건지
과연 그것이 가능하기나 한 건지
도무지 알 수가 없다고 했어요.

돈 버는 남편 앞에서

결정적인 순간이 되면 발언권은 약해져버렸고

휴식 없는 독박육아 때문에

보물 같은 아이와도 지쳐 있었죠.

이른바 '경단녀'° 로서 재취업은 요원하기에

원하든 원치 않든,

아이의 학업에 전념하는 일이

전업맘의 유일한 사회적 진입이 되어버렸습니다.

가만히 있으면 '무능한 엄마'라고

옆집 할머니마저 손가락질하는 사회에서

문화센터로, 학원으로,

정보력 좀 있다는 엄마가 주도하는 모임으로,

종일 아이와 떠돌다 돌아온 저녁이면

아이는 산처럼 거대한 숙제만 같고

육아는 입시를 향한 끝없는 평가전 같았죠.

°   경력단절여성보다는 고용중단여성이 더 바람직한 표현입니다. 이 책에서는 성차별적인 고용 현실을 강조할 때만 의도적으로 '경단녀'라는 표현을 썼음을 밝혀둡니다.

그들은 말했습니다.

이렇게 살긴 싫다고.

'나'를 찾고 싶다고.

◇

주말의 강연장에서 엄마들을 만났습니다.

푸석하고 지친 얼굴로,

들러붙는 아이를 떼놓고 억지로 짬을 내어

강의실로 뛰어 들어온

직장맘들.

그들 역시 의미를 찾기 힘들다고 했어요.

상대적으로 경제력은 있지만

그 알량한 돈 몇 푼 때문에

정작 중요한 것들을 희생하고 있다고 했죠.

맡길 데 없는 아이는 가엽기만 하고

어미 노릇을 충분히 못하는 죄책감은 깊었습니다.

가사는 퇴근 후의 그녀를 짓눌렀고

무심한 남편에 대한 증오는 타올랐어요.

충분히 보장되지 않는

출산 휴가와 육아 휴직은 물론

정시 퇴근조차 눈치 보며 해야 하는 나날들.

이 악물고 버텨 아이를 유아에서 어린이로 키워놓으면,

기다렸다는 듯 엄마 인생 최대의 고민이 등장하죠.

경력이냐 교육이냐, 이것이 문제로다.

회사에서 벼랑 끝 경력을 붙잡고 아이를 원격 조정하느냐,

가정에서 경단녀로 실시간 아이 성적을 관리하느냐.

이것이 문제로다.

그들은 말했어요.

이렇게 살긴 싫다고.

'나'를 찾고 싶다고.

◇

엄마들이 가장 자주 하는 말은

"나를 찾고 싶어요"지만

실제로 제가 듣는 케이스들은

주로 다음과 같았어요.

"사진을 좀 배워볼까 했어요. 그런데 남편이 반대하는 거예요. '참 한가하다. 지금 돈도 안 되는 걸 돈 들여 배우겠다는 말이 야?' 정말 자존심 상했지만 솔직히 할 말이 없더라고요. 저조차 도 대체 이걸 배워서 어디에 쓸 것인가를 생각하면 답은 없거든 요. 시작하는 것도 적잖은 용기가 필요한 일인데, 자꾸 뭐라고 하니 포기하게 되더라고요."

엄마들 중 상당수가 스스로 하고자 하는 일이 있을 때,
옆에서 누군가 반대하면 지레 포기했어요.
'가정을 위한다'는 명분하에.

하지만 잘 생각해봅시다.
정말로 행복한 가정을 원한다면
(가정의 모든 대소사에 관여하는)
엄마가 먼저 성장하고 행복해져야 하지 않을까요?
정체되어 우울한 엄마가 있는 가정이
행복해질 수는 없을 겁니다.

대한민국 엄마들은
왜 이구동성으로 '나'를 찾고 싶다고 할까요?
무엇이 그들로 하여금 '나'를 잃어버리게 만들었을까요?

'나'를 잃어버렸는데도
적극적으로 찾아 나서지 못하는 이유는 뭘까요?

엄마들은 다양하게 자신만의 이유를 설명했지만,
저는 그 이유들이
크게 두 가지로 정리된다는 것을 발견했습니다.

남성 중심적인 사회.
그리고 입시 중심적인 사회.

남성 중심 사회에서 여성의 사회활동은
낮은 임금, 보육시설 미비 등
다양한 장애물에 걸려 차단당합니다.
입시 중심 사회에서 여성의 사회활동은
대학입시까지 무려 20년을
아이에게 붙잡혀 차단당합니다.

이렇게 두 번 차단당하고 나면
금방 50대가 넘어버리죠.
'내 세계'를 적극적으로 가꿀 가능성은
바닥에 떨어지게 되는 것입니다.

우리가 이 남성 중심 사회에
균열을 낼 수 있을까요?

있어요.

여성들이 사회활동에 참여하고, 남성들과 동일한 크기의 목소리를 가지면 됩니다. 꼭 당장 돈을 버는 활동이 아니어도 괜찮아요. 아이가 어린이집에 간 사이 엄마가 카페에 가서 책만 꾸준히 읽어도, 매일 등산만 열심히 해도, 그 활동은 결국 의미 있는 사회적 활동이 되어 남성 중심 사회에 균열을 가할 수 있습니다.
정말? 고작 그렇게?
네.

만약 다음과 같은 생각을 하는 엄마라면 언제든 그 일을 해낼 사람입니다.
'아이가 어린이집에 간 사이에라도 (직장맘이라면 주중 하루 저녁이라도) 내 시간을 갖고 싶어.'
'삶에 기쁨을 주는 나만의 활동이 있다면 좋겠어.'
'왜 내가 뭣 좀 해보려면 매번 방해물이 생기는지 모르겠어.'

'허구한 날 아이만 챙기다 내 인생은 대체 언제 챙기지?'

'왜 아이가 생긴 뒤 남편의 인생은 바뀐 게 없는데 내 인생만 이렇게 바뀌어버린 거야?'

'작은 결정만 내가 내리고 큰 결정은 남편이 내리는 것 같아.'

'시집식구한테 친정식구보다 더 잘해주는 이유가 뭐지?'

'왜 다른 학부모들을 만나면 대화도 안 통하고 가슴이 답답해지기만 할까?'

언뜻 불안과 불만만 나열한 것 같지만, 이런 문제의식들은 매우 소중합니다. 그 밑에 '나'를 찾고 싶다는 커다란 자아실현의 욕구가 깔려 있기 때문입니다. 지금 미성년자들을 키우는 70~80년생 엄마들은 대한민국 역사상 최초로 대거 고등교육을 받은 여성들입니다. (저 역시 여기 속합니다.) 한 번 깨어난 지성은 다시 잠들 수 없는 법! 전통적인 엄마 역할 속에 우리를 잡아 가둔다고 해서 우리의 자아실현욕구가 사라지지는 않습니다. 그 누구도, 그 무엇도, 그것을 우리에게서 앗아갈 수 없어요. 그러므로 이 책에서 우리는, 불안과 불만의 얼굴을 하고 있지만 실제로는 자아실현욕구의 발현인 '소중한 욕망'들을 제대로 드러내고 보살필 방안을 찾아 나설 겁니다.

그러기 위해서 먼저, 우리가 갇힌 '전통적인 엄마'라는 창살이 어떻게 만들어졌는가부터 제대로 들여다보는 시간을 가질 겁니다. 과거를 알아야 현재의 모순을 부술 수 있으니까요. 이 사회가 얼마나 조직적으로 아이를 가진 여자는 '그걸로 끝'이라는 '조연 의식'을 심어놓았는지, 얼마나 교묘하게 아이를 잘 키우는 것보다 더 중요한 일은 있을 수 없다는 '과도한 모성 신화'를 유지시켜 왔는지 되짚어볼 겁니다. 또 그것이 어떤 식으로 여성들의 발전뿐 아니라 이 사회의 발전을 가로막아 왔는지, 그렇다면 이제부터 우리가 어떻게 이 단단한 창살을 부수고 나가는 모범을 보일 수 있을지 그 방법을 함께 모색해볼 겁니다.

그 방법들은, 조금 충격적일 만큼 쉽게 실천할 수 있는 것들입니다. 아이가 어린이집에 간 사이 엄마가 카페에서 책을 읽거나 등산을 하는 일처럼. 우리는 이 책에서, 그 활동을 반드시 의미 있는 사회적 활동으로 연결해내는 방법도 같이 짚어볼 예정입니다.

네, 그렇게 우리가 남성 중심 사회에 균열을 내는 겁니다.

우리가 이 입시 중심 사회에
균열을 낼 수 있을까요?

있어요.

하지만 한 가지 전제가 필요합니다. 엄마 스스로 자신의 육아에서 가장 중요한 '가치'°가 무엇인지 알아야 한다는 것. 그리고 그것이 '대학'이 아니어야 한다는 것. "내 육아 목표는 ○○야. 대학이 아니야!" 당당히 선언할 수 있어야 합니다. 그래야 이 불행한 입시육아를 거부할 힘이 생겨요. 또 그래야 '엄마의 20년'을 어떻게 채워나가야 할지가 보이기 시작합니다.

그 '가치'가 무엇이든, 엄마가 그것을 신중히 선택했고 공들여 전달했다면 아이는 잘 물려받게 되어 있습니다. 그래서 그것을 자기 인생의 중심에 두고 나머지를 꾸려나가게 되어 있어요. 이런 아이에게 대학은 목표가 아닌 수단일 뿐입니다. 그 가정에서

°　　　　　가치는 스포츠나 여행처럼 구체적인 행위일 수도, 정직이나 행복처럼 추상적인 관념일 수도 있습니다.

아이에게 낭비되는 자원은 적어지고, 그 낭비되지 않은 자원은 가족 전체에게, 그중에서도 특히 엄마에게 돌아갈 겁니다. 과도한 입시육아에서 벗어난 엄마는 자신만의 세계를 만들 시간, 돈, 마음의 여유를 갖게 되는 겁니다.

사실 '내 육아 목표는 대학이 아니다'라고 선언하기에 이보다 더 적절한 때가 있을까요? 지금 대한민국에서 대졸실업자 수는 매년 사상 최대치를 갱신하고 있지요. 마침 세상도 격변 중이어서 2016년에 초등학교에 입학한 어린이들의 65%는 현존하지 않는 새로운 직업을 갖게 된다고 합니다.○

그동안 우리는 자식을 좋은 대학에 보낸 것으로 '성공했다'는 타이틀을 얻은 엄마들 이야기를 들을 만큼 들었습니다. 네, 대한민국이 개발도상국이었던 때는 대학만 잘 가면 취업은 물론 계층 이동까지도 가능했던 것이 사실입니다. 한 마리뿐인 소를 팔아서라도, 부모 인생을 전부 바쳐서라도, 자식을 좋은 대학에 보내는 게 한 가정의 효율적인 선택이었죠.

○ 　　　　　2016 세계경제포럼, '일자리의 미래 보고서' 중에서.

더는 아닙니다. 소는 악착같이 지켜야 하고 부모들은 자기 인생을 백 세까지 꼼꼼히 계획하고 스스로 건사해야 합니다. 자식 대학으로 엄마 능력을 증명하는 구닥다리 자랑질은 신사임당이 5만 원권을 차지했을 때 박수 치고 끝내야 했습니다.

우리 아이들은 알아서 대학을 갈지, 아니면 다른 길로 갈지 선택할 겁니다. 그 선택을 잘 할 수 있도록 도와주는 것이 진짜 훌륭한 이 시대의 엄마 역할입니다. 어차피 우리는 아이들이 살아갈 세상을 잘 모릅니다. 4차 산업혁명 시대에 어떤 직업이 사라지고 나타날지 알지 못해요. 그 각각의 직업들이 어떤 구체적인 스펙을 요구할지는 더더욱 알지 못하죠.

종이가 사라져가는 시절에 종이로 된 문제집을 들고 아이들 뒤 꽁무니를 쫓는 우리의 모습은 구한말의 유생들이 나라 문을 꼭꼭 걸어 잠그고 자녀에게 공자님 말씀을 강요하던 모습과 닮아 있습니다.

왜 우리는
우리도 모르는 미래를 아이들에게 함부로 안내할까요?
심지어 철 지난 방식으로 앞다퉈 선행시킬까요?
왜 그러느라 부모도 아이도 소중한 하루하루를
불행하게 보낼까요?

우리가 할 일은 그저 아이가 어느 길로 가든 새 세상에서 잘 살수 있는 기본연료를 공급해주는 일뿐입니다. 어릴 적부터 아이에게 충분한 사랑과 칭찬을 주고, 찬찬히 인성의 빈 곳을 메워주고, 온 가족이 함께 운동과 여행 같은 풍요로운 직접체험을 하고, 책과 영화 같은 다양한 간접체험도 하고, 그 다채로운 가족문화 속에서 아이가 능동적으로 적성과 진로를 찾아 움직이도록 응원하는 일. 사실 이것이 본래 참된 부모의 역할이지요.

기본연료가 충분한 아이들은 어딜 가든(어딜 갈지는 아이가 정할겁니다), 무얼 하든(무얼 할지도 아이가 정할 겁니다), "어머, 너 참괜찮다! 나랑 일하자!" 좋은 일터에서 서로 오라고 할 겁니다. 좋은 사람들이 꽉 붙잡고 놔주지 않을 거예요. 또는 스스로 좋은일터를 만들고, 좋은 사람들을 불러들일 겁니다.

낡은 입시육아는 이제 그만. 이 책에서 우리는 아이에게 '강요'를 멈추고 엄마에게 '존중'을 시작하는 육아법을 이야기할 것입니다. 아이는 적당히 쳐다보고, 잃어버린 '나'를 찾아 나서는 거죠. '나'를 찾은 엄마는 자신만의 가치(저는 이것을 'THE 가치'라고 부르겠습니다)도 찾아낼 수 있을 겁니다. 그리고 아이에게 성공적으로 'THE 가치'를 전수할 수 있을 겁니다. 그것을 기준으로 둔가정은 지향점을 확실히 인식하고 앞으로 나아갈 것입니다. 그길에서는 내내 기본연료가 아이에게 막힘없이 흐를 겁니다.

입시육아의 올가미에서 벗어난 가정은, 이제 무한한 자유와 가능성을 맞이하게 됩니다. 사교육비를 줄이고 그 돈으로 방학이면 피레네산맥을 종주하거나, 로마에서 한 달 살이를 할 수도 있습니다. 엄마가 아이를 잡는 게 아니라, 엄마와 아이가 함께 생을 즐기는 겁니다. 엄마는 아이를 좋아하고 아이는 엄마를 좋아하는 겁니다. 우리의 가정은 대한민국의 GDP 수준에 걸맞은 행복 지수를 되찾을 겁니다. 장담합니다. 이 책의 말미에 이르면, 더는 아이'를' 자랑으로 삼는 후진국형 부모가 되고 싶지 않을 거예요. 아이'가' 자랑으로 삼는 선진국형 부모가 되고 싶어질 겁니다.

네, 그렇게 우리가 입시 중심 사회에 균열을 내는 겁니다.

대체
그 많던 '나'는
어디로
갔을까요?

함께 찾으러
가봅시다.

대한민국 엄마들은
왜 '나'를 잃어버렸나?

1부

한 번도
본 적 없는
엄마의 탄생

정상이 아닌
엄마

먼저,

제 이야기부터 들려드리겠습니다.

저 역시 '나'를 완전히 잃어버린 적이 있거든요.

되찾기 위해 먼 길을 돌아야 했죠.

온 세상 한 바퀴를.

저는 아이가 세 돌이 되었을 때 단둘이 세계여행을 시작했어요. 그때부터 아이가 열아홉 살이 된 지금까지 매년 한 달에서 길게는 석 달까지 떠났다가 돌아오기를 계속하고 있습니다.

그동안 세계 곳곳에서 수많은 여행자들을 만났어요. 그중에는 저처럼 어린 자녀와 함께 여행하는 가족들도 있었습니다. 하지만 대부분은 아빠가 엄마 곁에서 아이 목말을 태우거나 유모차를 들어줬지요. 젊은 엄마가 혼자 아장아장 걷는 아기를 데리고 장기여행을 떠난 경우는 보지 못했어요. 이게 무슨 뜻일까요? 정상이 아니란 뜻입니다. 저 같은 '정상이 아닌 엄마'는 어떻게 탄생했을까요?

어떻게 살 것인가?
= 어떻게 키울 것인가?

엄마에게 위의 두 질문은 서로 같은 질문입니다. 어떻게 살아야 할지 모르는 엄마는 어떻게 키워야 할지도 알 수가 없어요. 어떻게 키워야 할지 모르는 엄마는, 학원 실장이 이렇게 하라면 이렇게 해야 할 것 같다가, 육아서가 저렇게 하라면 또 저렇게 해야 할 것만 같지요.

사실 '어떻게 살 것인가' 하는 고민은 사춘기 무렵 시작되는 것이 정상입니다. 청소년은 이 질문에 대한 답을 얻기 위해 실험을 거듭하고, 자신이 얻어낸 답을 토대로 진로를 선택하며 장차 무엇이 될지 윤곽을 잡게 되죠. 이게 인간 성장의 올바른 순서입니다.

하지만 우리 사회는 '어떻게'에 대해 고민할 시간을 주지 않아요. 다짜고짜 '무엇'이 되라고 정해놓고, 그것이 되려면 당장 '무엇'을 하라고 명령합니다. 초등학생은 선행학습을 통해 중학생 역할을 해내야 하고, 중학생은 고등학생 과정을 소화해야 해요.

대학생은 입학과 동시에 취준생이 되어야 하죠. 내내 그런 식입니다. 이 급체할 것 같은 속도에 꾸역꾸역 발맞추는 소수, 즉 우리가 '엄친딸', '엄친아'라 부르는 몇몇만 이상적인 아이들로 규정되고, 자신에게 맞는 속도로 방황과 실험을 하는 아이들은 문제적이거나 지체된 아이들로 간주됩니다. 이 얼마나 부당한 일인가요?

유사 이래, 인간의 발달 순서는 변함없었습니다. 유아동기에는 먼저 세상(외부)을 탐구하고, 청소년기에는 그것에 반응하는 자신(내부)을 살피면서, 성인이 되면 '세상과 조화로운 자신'의 역할과 의미를 찾아내는 것이지요. 그런데 그저 입시를 향해 던져진 과제만 쳐내기에도 숨가쁜 우리 아이들은 어른이 되어서도 끝내 자신의 역할과 의미를 알지 못합니다.

저도 그 좋은 예였지요.

엄친딸의
최후

저는 호기심이 많은 아이였어요. 청소년 시절, 꽃이 핀 봄날이면 '꽃은 어떻게 피지?' 궁금해서 꽃이 피는 걸 좀 들여다보고 싶었죠. 들여다본 걸 내 식으로 표현해보고도 싶었고요. 그러면 선생님이 말씀하셨어요. "그런 건 참고서에 이미 다 나와 있다." 부모님도 말씀하셨어요. "꽃은 내년에도 핀다." 그때까지, 어린 저는 그들의 말을 신뢰했어요. 꾹 참고 교실에 앉아 훗날을 기약했습니다.

대학입시를 치르기 전까지 제대로 된 진로탐색 같은 건 없었어요. 오직 점수를 높이는 데 집중하도록 강요받았고, 점수에 맞춰 대학과 전공을 선택했지요. 당연히 전공은 적성에 맞지 않았습니다. 그럼에도 적극적으로 새 길을 모색하지는 못했어요. 상황에 자신을 끼워 맞추고, 필요한 점수를 따내는 것에 저는 이미 길들여져 있었으니까요.

대학을 졸업하고 회사원이 되었어요. 다시, 어느 봄날이었습니다. 근무하던 회사는 덕수궁 근처였는데, 마침 덕수궁에 벚꽃이 흐드러지게 피었어요. 이번에도 꽃을 보러 갈 시간은 나지 않았어요. 그날, 광고주 미팅까지 20분 정도만 남아 있던 촉박한 점심시간, 저는 다른 직장인들과 함께 식당 앞 긴 줄에 합류한 채 생각했어요. 대충 밥을 욱여넣고 뛰어가면 늦진 않겠지? 이번에도 꽃은 금방 지겠지? 봄도 금방 가겠지?

하나도 이상할 게 없었어요. 삶은 늘 그런 식이었으니까요. 문득, 깨달았습니다. 이런 식이라면 영영 어떻게 꽃이 피는지 멈춰서 들여다볼 수 없겠구나. 어느덧 나는 성인이 되었으니 교사 탓, 부모 탓 할 것 없이 이젠 모든 것이 오롯이 내 탓이로구나.

'내 탓이로소이다'를 하기 전, 인간은 남 탓을 합니다. 남 탓을 하는 인간은 앉아서 불평해요. 하지만 '내 탓이로소이다'를 하는 인간은 일어나 행동합니다. 그날 저는 곧장 꽃을 보러 갔어요. 꽃은 아름다웠고 저는 행복했습니다. 앞으로도 내 속도로 걷고 멈추고 들여다볼 때에만 행복할 거라는 걸 알 수 있었어요. 내 발걸음의 주인은 내가 되어야만 했던 거죠. 궤도에서 이탈하기로 결심했습니다. 그렇게 저는 회사를 나와 백수가 되었어요.

궤도에서 이탈한 젊은이에겐 무엇이 필요할까요?

물갈이.

자신을 계속 이전 궤도에 붙들어 매두려는 사람들의 잔소리로
부터 스스로를 보호해야 합니다. 새 꿈을 심을 새로운 공간, 이
과정을 지지해줄 새로운 관계가 필요하죠. 그 무렵 사귀고 있던
남자친구가 대학원을 마치고 학사장교로 군대에 간다기에 물었
어요. "월급이 나오니?" 나온대요. 얼마냐고 물으니 쌀값은 될
것 같더라고요. 결혼하자고 했어요. 남자친구가 입소 훈련을 마
치고 첫 휴가를 나왔을 때 결혼식을 올렸습니다. 그리고 부대 옆
에 살기 시작했어요. 거기가 계룡산이었습니다.

우리 모두에겐
계룡산 시절이 필요합니다

계룡산 시절에 제가 가장 먼저 한 일은 저의 말을 들어주는 것이었어요. 이전에 저는 제 말을 들어주지 않았거든요. 목표가 밖에서 주어졌으니 내면의 목소리가 있어도 묵살하기 바빴지요. "시끄러워. 지금은 이 일만으로도 벅차."

차근차근 자신과 소통하는 법부터 익혀야 했어요. 먼저 "무엇을 원하니?"라고 자신에게 상냥히 물어주었어요. 그리고 그 답을 고분고분 들어주었어요. 물어주고 들어주는 것, 사실 이건 부부 관계에서든 육아에서든, 모든 소통의 기본 중에 기본이지요. 그 가장 기본적인 것을 제가 어른이 되도록 자신에게 해주지 않았던 거예요. 들어주지 않는 사람에겐 더 말하지 않게 되고, 말하지 않는 사람과는 결국 냉담해지는 법. 저는 그 꽉 막힌 관계에 대화의 길을 내고 성심껏 '나'를 돌보기 시작했습니다.

"무엇을 원하니?"
먼저, 책을 읽고 싶다고 했어요. 계룡산에서, 저는 먼저 '나'가 읽고 싶다는 책들을 읽어주었어요. 그렇게 3년을 읽으니 서가에 취향과 체계가 생기더군요.

"또 무엇을 원하니?" 물으니, 영화를 보고 싶대요. 군인들이 많은 곳이라 당시 비디오 대여점에는 야한 영화가 많았어요. 하지만 야한 영화들 속에는 가끔 실수로 '야한 예술영화'도 끼어 있었죠. 그런 영화들은 뭔가 다르거든요. 그래서 그 감독의 다음 작품도 궁금해서 찾아보게 됩니다. 그런 식으로 3년간 영화를 보니 어느 정도 영화사를 훑게 되더군요.

제가 자신의 말을 열심히 들어주자, 중요한 변화가 생겼어요. 신뢰. 이제 저는 저를 믿기 시작했어요. '아, 이 사람은 내 말을 들어주는 사람이구나!' 자기신뢰야말로 자기애의 기본입니다. 자기애가 있는 사람만이 타인을 제대로 사랑할 수가 있죠. 그제야 저는 아이를 낳고 싶어졌어요. 그 전엔 '이렇게 힘든 세상에 애는 낳아서 뭐해?' 투덜대던, 세상과 조화롭지 못한 젊은이였는데 말이에요.

계룡산이라는 '자연'도 변화에 크게 한몫했어요. 내내 서울 촌놈이었던 저는 봄이 오면 동네 할머니들과 함께 쭈그리고 앉아 쑥을 캤습니다. 가을이면 낙엽 지는 산을 오르고 겨울에는 눈 쌓인

들판을 걸었어요. 그렇게 사계절이 세 번 순환하는 동안 자연을 온몸으로 받아들이자, 자연의 속성이 훅 다가왔어요. 자연은 자생합니다. 스스로 치유하고, 혼자서 새끼를 낳고, 알아서 새싹을 틔우지요. 저 또한 스스로 생을 이끌고, 새끼를 낳아 함께 나아갈 용기를 배우게 되었습니다. 좋은 엄마까진 몰라도 좋은 친구가 되어줄 수는 있을 것 같았어요. 제대와 동시에 임신을 했지요. 남편과 저, 두 백수는 서울로 올라왔습니다.

좀 뒤죽박죽이어도
괜찮아요

이 부분이 제가 젊은이들에게 강의할 때
가장 힘주어 말하는 부분이에요.

"좀 막 살아도 됩니다. 안 죽어요.
어른들이 지금 당장 정해진 걸 안 하면
사회에서 낙오된다고 여러분들에게 겁을 주었죠?
순서 같은 건 뒤죽박죽돼도 괜찮아요.
남보다 늦어도 괜찮아요. 다음 두 가지만 전제로 한다면.
남들이 시키는 대로가 아닌, 내 식으로!
잠깐 하다 마는 것이 아닌, 꾸준히!"

저 역시 뒤죽박죽이었죠. 백수가 군인이랑 결혼부터 하더니, 둘
다 백수가 되어서 아이부터 덜컥 가졌으니까요. 고용중단여성이
자 애 엄마, 그리고 취업준비생인 애 아빠가 전세금도 변변히 없
이 서울의 낡은 빌라들을 전전하기 시작한 겁니다.

그런데 신기하게도 당시 남편과 제겐 그 어떤 두려움도 없었어요. 우리는 갖춰진 것 없는 상태에서 조금씩 성장해간다는 전제를 당연하게 받아들였으니까요. 사실, 다 갖춰진 젊음이야말로 비정상적인 것 아닐까요? 장마철이면 비가 새거나 곰팡이가 새카맣게 벽을 뒤덮는 전셋집에서 아기를 키웠지만, 우리는 창밖으로 나무가 많이 보인다며 기뻐했어요. 출산용품도 거의 얻어다 썼지만, 새것이 아니니 친환경적이라며 좋아했지요.

우리에게 인생은 하나씩 '나'의 손으로 만들어가는 것이었어요. 실컷 그럴 수 있도록 우리 손이 텅 비어 있다는 것은 정말 자유로운 일이었지요.

마침내,
꽃이 피는 것을 보았습니다

남편은 서른한 살에 취직을 했습니다. 남보다 늦은 사회생활인데다 애 아빠인 만큼 미친 듯이 일에 매달렸죠. 동시에, 저도 24시간 독박육아를 시작했어요. 꽃이 어떻게 피는지 궁금했던 소녀는, 이제 꽃이 어떻게 피는지 확실히 알게 되었어요. 정말이지, 꽃은 징글징글하도록 힘들게 피더군요. 밤도 낮도 없었죠. 하지만 정말이지, 꽃은 보람차게 피었어요. 세상에 그렇게 보람찬 일이 없었죠. 하루하루 투실투실해지는 아기의 허벅지하며! 하루하루 넙데데해지는 얼굴하며! 온몸의 마디마디가 쑤시고 아팠는데도, 아기 살냄새만 맡으면 벌떡 일어나졌어요.

그런데 아이가 36개월이 되자, 주변에서 슬슬 이런 소리가 들려오기 시작했어요.
"아직도 한글 안 가르쳐?"
"그 유치원 대기자 명단에 이름 안 올려놨어? 그럼 거긴 못 가."

아….

멀고 먼 길을 돌아 다시 궤도 속으로 돌아왔다는 것을 알았습니다. 30년이 지났건만 대한민국의 교육 상황은 변한 것이 없었어요. 제 육아의 목표는 당연히 '대학'이 아니었기에, 저는 아이를 입시 경주에 올려놓고 "달려! 1등으로 달리면 좋은 일이 있을 거야!" 하고 등 떠밀 수 없는 엄마였어요. 아이를 등에 업고 대신 뛰어주는 일 같은 건 더더욱 하기 싫은 엄마였죠.

주변을 둘러보니,
제 시야 안에는 모두 비슷한 삶을 사는 사람들이 있었습니다.
집을 사고 차를 사고 입시를 목표로 육아를 하는 사람들.
저처럼 궤도를 한 번 이탈해본 사람은,
숫자에 호락호락 밀리지 않습니다.
'여기서 모두 이렇게 산다고 해서
꼭 이렇게 살아야 하는 건 아닐 거야.'

그러자 정말이지 궁금해졌어요.
'다른 삶의 방식은 어떤 게 있을까?
다른 나라 사람들은 어떻게 사나?'

길을 떠나기로 했죠. 길에서 답을 발견하면 열심히 받아 적기로 했어요. 그 답들이 모여 하나로 수렴된 것이 나만의 'THE 가치'

가 될 거라는 걸, 그때까지 저는 아직 모르고 있었어요.

아이가 세 번째 생일을 맞은 며칠 뒤, 저는 아이와 함께 터키행 비행기를 탔습니다. 아이는 신이 나서 조잘댔어요.

"구름 위로 올라가면 하느님을 만날 거야!"

'정상이 아닌 엄마'는 그렇게 탄생했답니다.

엄마는 저절로
훌륭한 여행자가 됩니다

터키 여행을 시작하자마자 알게 된 것은, 아이와 함께하는 여행이 의외로 장점이 많다는 것이었습니다. 예를 들면, 느린 여행의 깊이 같은 것. 애 딸린 엄마가 아니었다면, 저는 아마 멋진 것들을 욕심껏 훑으며 재빠르게 다니는 여행을 했을 거예요. 그런데 아이와 함께 아장아장 이동하다 보니, 새로 핀 꽃, 목동의 맑은 눈동자처럼 획 지나쳤으면 안 보였을 것들을 '깊이' 들여다볼 수 있었습니다. 깊이. 그것은 좋은 여행에 꼭 필요한 요소였지요.

느릿느릿 움직이다 보니 현지인들이 우리에게 다가온다는 것도 장점이었어요. "어디서 왔어요?", "아이는 몇 살이에요?" 하며 말을 걸더군요. 어느덧 우린 어딜 가든 대화를 하고 있었어요. 쉽게 그들의 삶 속으로 들어갔죠. 까짓 유명 관광지 한두 군데 덜 가면 어때요? 더 잘됐죠. 저는 그곳 사람들이 어떻게 사는지가 더 궁금했으니까요.

여러 장점 중에서도 가장 큰 장점은, 바로 저에게 모성애가 장착되었다는 점이었어요. 막상 유네스코가 선정한 웅장한 궁전 앞에 이르러도, 제겐 화려한 궁전보다 그 앞에서 1달러짜리 휴지를 팔고 있는 소년이 먼저 눈에 띄었어요. 그 아이가 옷을 좀 춥게 입고 있다든지, 구멍 뚫린 슬리퍼를 신고 있다든지 하는 것들이. 궁전은 뒷전이고 이런 생각을 먼저 하곤 했지요.

'저 아이 부모는 어디에 있나?'

'밥은 먹었나?'

'학교엔 안 가나?'

세상을 바라보는 완전히 다른 시각을 갖게 된 거였습니다. 크고 멋진 것들을 찾아 쏘다니는 관광객에서, 작고 평범한 존재들에게 진심을 기울이는 여행자로 변모한 것이었지요.

사람들은 엄마들에게 '끝났다'고 쉽게 말합니다. 이제 혹이 달렸으니 재미는 다 봤다고. 여행 같은 건 생각도 말라고. 천만에요. '엄마'라는 자리는 제대로 여행하는 법을, 제대로 세상과 관계 맺는 법을, 월반하듯 깨치게 해주는 자리입니다. 여행만 엄마들을 월반시킬까요? 임신, 출산, 육아라는 강도 높은 '인생 수업' 과정에서 엄마들은 어마어마한 인류애적 성장을 합니다. 넓어지고 깊어지고 따스해지죠. 그 성장은, 엄마가 이후에 무슨 일을 하든 거대한 자산이 되어줍니다.

엄마라는 자리는 끝이 아닌, 시작입니다.

식탁 전체를
바라보는 힘

첫 여행에서, 저는 과연 그곳이 안전할까 걱정했습니다. 그런데 웬걸. 첫날부터 터키인들이 너나 할 것 없이 아이를 예뻐하는 거예요. 제가 잠시 한눈을 팔면 아이가 이 무릎에서 저 무릎으로 가 앉아 있곤 했지요. 심지어 어떤 이들은 베이비시터를 자청하기까지 했어요. 가장 먼저, 소중한 배움을 얻었습니다. 세상은 선한 곳이구나! 우리는 인종이나 국경과 상관없이 보살핌을 통해 서로 연결되어 있구나!

이 보살핌에 대해서, 여행은 보다 '큰 생각'을 하도록 도와주었습니다. 여행과 일상에서 하는 생각의 크기는 서로 다르거든요. 일상에서 우리는 '작은 생각'을 합니다. 일상은, 말하자면 식탁의 내 자리에 앉아 있는 일이에요. 거기 내 접시에 시선을 고정하며 오늘은 어떤 음식이 담길까, 맛은 있을까, 얼마짜리일까, 우리는 그 정도를 생각합니다. 가끔 생각난 듯 고개를 들지만, 좁은 시야로 곁에 놓인 접시를 힐끗거릴 뿐입니다. 옆 사람 접시엔 어떤 음식이 담겼나? 내 음식보다 비싼가? 비교하죠.

반면 여행은 식탁을 빠져나오는 행위입니다. 식탁과 거리를 유지하며 식탁 전체를 조망하는 일이에요. 시야가 넓어지니 생각도 넓어질 수밖에요. '어? 식탁 저쪽에 앉은 사람들에겐 음식이 넘치네? 넘쳐서 음식을 막 버리네?', '어? 반대쪽 사람들은 아무리 기다려도 음식이 안 나오네? 계속 굶주리네?' 그럼 이런 사고를 하기에 이르죠. '어떻게 하면 저쪽에서 남는 음식을 반대쪽 굶주리는 사람들에게 나눠줄 수 있을까?'

내 접시만 바라보는 것 → 식탁 전체를 보는 것 → 구조를 파악하는 것 → 큰 질문들을 하는 것 → 질문의 답을 찾는 것.

이 일련의 과정을 깨닫는 일이 바로 여행이었어요. 커다란 배움이었지요. 본래 대학大學이란 큰 배움이란 뜻입니다. 저는 (스펙과 점수에 맞춘 가짜 대학 말고) 이 진짜 대학을 계속 다니고 싶어졌어요. 뜨거운 체험 속에서 진정한 지혜를 얻고 싶었지요. 그래서 아이 손을 잡고라도 계속 등교했습니다. 매년, 오대양육대주를 걸으며, 여행이 주는 힘을 소중히 연마했어요. 우리는 보살핌을 통해 서로 연결되어 있다는 것을 기억하면서.

점점 더 가난한 나라로,
점점 더 많은 사람 속으로

여행국의 GDP는 점점 낮아졌어요. 터키에서 시리아로, 라오스로, 탄자니아로…. 이유는 간단했어요. '어떻게 살 것인가'를 알려주는 이 대학에서는 '삶'이 교재였는데, 그중에서도 제3세계 사람들의 삶은 가장 높은 수위의 도전받는 삶이었으니까요. 말하자면 가장 수준 높은 교재였죠. 그들을 바라보노라면, 끝없이 질문이 샘솟았어요.

'어떻게 스무 살밖에 안 된 저 아기 엄마는 하루 벌어 하루 먹으면서 네 명의 아이를 키울까? 그러면서도 어떻게 아이들이 행복의 원천이라고 말할까?', '어떻게 이 판자촌 사람들은 저녁이면 골목에 나와 이웃과 정겨운 대화를 나누며 매일을 축제처럼 살까?', '어떻게 저 아비는 있는 돈을 탈탈 털어 기쁘게 아이의 슬리퍼를 살까? 정작 자신은 종일 굶어 앙상한데?', '저들에게 행복의 정의는 무엇일까?', '우리에게 행복의 정의는 무엇일까?', '인간에게 행복이란 본래 무엇이었을까?'

여행자에게 선진국이 화보집이라면, 제3세계는 철학서였습니다. 마침 아이도 제3세계의 '사람' 여행을 즐기고 있었어요. 어린아이에게 선진국의 박물관이나 리조트는 따분할 뿐이죠. 동네 아이들이 밖에 나와 노는 제3세계가 최고입니다. TV나 컴퓨터가 없는 현지 아이들은 언제나 집 밖에서 벌어지는 일에 관심이 많았어요. 아들이 새로 도착한 골목 어귀에 축구공을 내려놓으면, 언제 어디서나 친구들이 등장했고 공놀이가 시작되었지요.

우리는 밤낮으로 현지인과 어울렸어요. 사람을 만나는 일이 아들에겐 놀이고 제게는 배움이다 보니, 우리는 둘 다 더 많은 만남을 가지고 싶어 했어요. 그러기 위해 택시보다는 마을버스를, 호텔보다는 게스트하우스를, 고급 식당보다는 길거리 음식을 찾았습니다. 대한민국의 평균 한 달 생활비보다 훨씬 적은 돈으로 몇 달씩 여행을 했어요. 사업가, 교사, 거지, 에이즈 환자, 국경없는의사회의 봉사자들, 사기꾼, 아이들, 아이들, 아이들…. 수많은 사람들을 만났습니다.

배운 대로
행동하는 삶

인정 많은 제3세계 사람들은 우리와 이별할 때 뭐라도 주고 싶어 했어요. 밥이라도 먹고 가라 청했고, 잠이라도 자고 가라 권했죠. 가진 게 없는 꼬마들은 예쁜 돌멩이라도 주워서 옷에 문질러 닦아 아들에게 건네곤 했어요. 점차 우리도 선물을 주고 싶어졌어요. 여행가방에 학용품이나 풍선을 준비해 가기 시작했습니다.

시간이 흐르면서 '나눔'에 대한 생각은 점점 깊어졌어요. 아프리카 여행을 앞두고 저는 아들에게 물었어요.

"이번에는 특별히 '마음의 선물'을 준비하고 싶어. 뭐가 좋을까?"

일곱 살 아이가 천진하게 외쳤어요.

"음악!"

당시 아이는 바이올린을 배우고 있었는데 연주할 때마다 가족들이 함박웃음을 지었으니 그렇게 생각했던 것 같아요.

"그럼 네가 여행 내내 바이올린을 책임질 수 있겠어?"

아이는 자신 있게 고개를 끄덕였어요. 그리고 정말로 여행 내내 바이올린을 챙기며 보육원이나 학교에서 음악을 전했어요. 저도 영어를 가르쳤지요. 물건을 나누는 것에서 재능을 나누는 것으로 바뀐 것이었습니다. 우리의 실력이 아무리 보잘것없어도 문을 두드리면 그들은 언제나 말했어요.

"어서 들어오세요."

세상에서 가장 아픈 대륙 아프리카를 온몸으로 여행한 후에 저는 드디어 대학을 졸업했다고 느꼈습니다. 그건 누가 졸업장을 주어서 아는 게 아니라 그냥 때가 되어 스스로 아는 거였어요.
아프리카 여행 후 《하쿠나 마타타, 우리 같이 춤출래?》라는 책을 썼어요. 그 인세를 기부해서 제3세계 청소년들을 위한 도서관을 짓기 시작했습니다. 책의 에필로그에서 저는 '여행의 사 단계'를 이렇게 정의했습니다.

일 단계, 새로운 곳에 가서도 거울을 보듯 '나'만 보는 것.
이 여행자는 여행 내내 "김치만 한 음식이 없고 한국만큼 편리한 곳이 없다"며 투덜댑니다. 하지만 돌아와서는 사진들을 자랑하며 본전을 챙깁니다.

이 단계, 나를 떠나 '그곳'을 있는 그대로 보는 것.
이 여행자는 고흐의 그림처럼 한국에 없는 것, 새로운 것에 전율합니다. 현실에 지칠 때마다 '어디로 갈까?' 궁리하지요.

삼 단계, 그곳에 있는 것들과 '관계'를 맺는 것.

이 여행자는 미술관에 가려고 숙소를 나섰다가도 현지인과 대화가 시작되면 철퍼덕 주저앉습니다. 그날 미술관엔 안 가도 좋아요.

사 단계, 내 것을 나누어 그곳을 더 아름답게 하는 것.

이 여행자는 자신과 지구가 연결되어 있음을 느낍니다. 혼자서 많이 가질 때보다 함께 나눠 가질 때 더 행복해져요. 그래서 나눔을 행동으로 옮깁니다.

이 에필로그를 쓸 수 있기까지, 그리고 제가 지닌 것을 '아까워하지 않고' 타인과 나눌 수 있기까지, 장장 5년의 시간이 필요했어요. 그 시작점엔 '아이와 과연 여행이 가능할까?' 두려움에 떨던 한 평범한 엄마가 있었을 뿐이었지요.

변화는 점진적으로 일어났습니다. '어떻게 살 것인가?', '어떻게 키울 것인가?' 제가 질문하면, 여행이 '한번 이렇게 해봐', '이번엔 저렇게 해봐' 답을 던져주었고, 그때마다 넙죽 받아 실천하는 가운데 변화가 일어났어요. 당연히 결말은 미리 예측할 수 없었습니다. 하나를 실천하고 나면 다음 단계의 할 일이 보였을 뿐이었지요.

주변의 우려는 시종일관 들끓었어요. 첫 책이 나온 것이 터키를 다녀온 지 3년이 지난 뒤였기 때문에,° 그동안 저는 주변인들에게 '저 좋다고 최빈국으로 어린애를 끌고 다니며 생고생시키는 미친 엄마'로 걱정과 비난을 받았습니다. '내 식으로' 밀고 계속 나아가는 일, 그건 많은 순간 막막한 일이었어요. 하지만 자신을 믿고 '꾸준히' 해나가는 사이, 흥미진진한 일이 되었죠. 계룡산 시절이 없었다면, 저는 그렇게 자신을 믿어주지 못했을 거예요.

'당장 무엇을 해서 무엇이 되라'는 외부의 강요에서 벗어나
→ '나'의 목소리를 들어주고 자기신뢰를 쌓은 뒤
→ '어떻게 살아야 할까'를 '내 식으로' 탐색하며
→ 세상 속 자신의 역할과 의미를 '꾸준히' 찾아낸 거죠.

어렵사리, 이번에는 제대로 된 인간 성장의 순서를 밟은 거였습니다.

○   여행하며 사진을 찍고 글로 기록했습니다. 그것을 블로그와 〈오마이뉴스〉에 연재했어요. 몇몇 출판사에서 연락이 왔고, 저는 작가라는 직업을 갖게 되었습니다.

그래서 아이가 가져간 'THE 가치'는 무엇이냐고요?

이제 열아홉 살인 중빈은 앞으로 한참 더 '어떻게 살 것인가'를 고민해야 할 겁니다. 그러나 제가 앞에서 말씀드린 것처럼, 엄마가 자신만의 'THE 가치'를 육아의 목표로 정하고 차근차근 아이 인생에 심어주면, 아이는 그것을 중심으로 풍성한 삶을 꾸린다는 것을 저는 경험으로부터 믿게 되었습니다.

엄마가 베이커리를 배우면 아이는 빵을 많이 먹으며 자랄 것이고, 엄마가 노래를 배우면 아이는 엄마의 흥얼거림을 따라 하며 자랄 겁니다. 엄마가 노력하는 동안, 아이는 그 일부를 자기 세계에 하나씩 가져가는 것이죠. 그거면 충분합니다. 엄마가 아이의 세계를 전부 만들어줘야 하는 것이 아니에요. 엄마가 탐색하는 전 과정이 아이에게는 다양한 체험이 되기에, 엄마가 'THE 가치'를 좀 뒤죽박죽 찾아내도, 찾아낸 시기가 좀 늦어진다 해도 괜찮습니다. 저처럼, 아이를 낳은 뒤에야, 아이까지 데리고 다니면서 찾아내도 괜찮아요.

제가 찾아낸 'THE 가치'는 무엇이었냐고요? 저는 여행을 통해 눈앞의 접시에 함몰되지 않고 식탁 전체를 보며 살아가는 것이 중요하다는 것을 알았습니다. 전체의 균형에 기여하는 삶. 어려서는 조화롭게 놀고, 커서는 조화롭게 일하며, 자신이 세상으로부터 제공받은 것을 자신보다 덜 제공받은 사람들과 아낌없이 나누는 삶. 결국 제가 아들에게 건네고자 하는 'THE 가치'는 '나눔'이 되었죠.

아들은 나눔을 가져다가 자기 인생에 차곡차곡 쌓았습니다. 이를테면, 유아 여행자일 때 현지 아이들에게 학용품을 나눠주었던 것. 어린이 여행자일 때 오지의 학교나 보육원에서 바이올린을 연주했던 것. 청소년 여행자가 되어서는 자신의 경험을 토대로 '발런트래블링'이란 봉사 프로그램을 만들어 발리의 청소년들을 지속적으로 돕고 있는 것.○

아들은 학습전쟁터에서 자신의 유년기를 온전히 보호받았습니다. 방학마다, 때로는 학기 중에도 제3세계를 여행했고 다양한 사람들을 사귀며 재능을 나눴습니다. 결과적으로 아들은 미적분을 푸는 데 꽝이지만, 세계시민으로서 어떻게 미래를 꾸려야 할지 확실히 아는 청소년이 되었습니다. 국제학을 공부해서 제3세계 아이들에게 더 나은 교육 환경을 제공하는 일을 하고 싶다는 진로설계도 스스로 하게 되었죠. 아들에게 대학은 목적이 아닌 수단, 즉 자신의 꿈이 부르는 길목에 놓인 여러 관문 중 하나일 뿐입니다.

○ 발런트래블링은 volunteer와 travel의 합성어로, 여행 중 봉사할 수 있도록 안내하는 온라인 프로그램입니다. 중빈은 이 프로그램을 통해 현재까지 전 세계 6개국 약 350명의 참가자들로부터 다양한 재능 및 4,500여만 원의 후원금을 기부받았고, 발리 현지의 아이들에게 대학장학금, 음악공연, 영어와 컴퓨터 수업 등 다양한 교육적 혜택을 제공하고 있습니다. 아들은 이 기적 같은 경험을 《열일곱, 내가 할 수 있는 것은》이라는 책과 블로그 blog.naver.com/heavyocean에 자세히 써두었습니다.

◇

여기까지가 저의 자기소개서이자

'나'를 찾아 맨땅에 헤딩했던 이야기입니다.

이 이야기 속에서

저는 당신이 다음 메시지를 발견했으면 합니다.

엄마는 '나'부터 찾아야 한다.

주변의 시선에 개의치 말고

내 방식으로,

꾸준히,

나에게 물을 주고 거름을 주어야 한다.

내가 천천히 맺은 열매(THE 가치)가

육아의 목표가 되며 가정의 문화가 된다.

아이는 배고플 때마다

알아서 그 열매를 갖다 먹는다.

백 개의 문센, 학원보다

흔들림 없이 열매 맺으며 살아가는

엄마의 존재가 더 근본적인 가르침을 준다.

나중에, 아이가 잘 되길 바라기 전에

지금 당장, 나부터 잘 살자.

◇

이제 우리는 함께 여행을 떠날 겁니다.

세 번에 걸친 여행은
잃어버린 '나'를 찾고
식탁 전체를 보는 힘을 기르는 훈련이 될 겁니다.

◇

첫 번째 여행, 세계여행
좌우로 넓게 보는 훈련입니다. 이 여행에서 우리는 세계 여러 나라의
아이들이 꾸려가는 다양한 삶을 만나보면서, 왜 대한민국의 육아는 엄
마와 아이의 관계를 불행하게 만드는지 그 원인을 짚어볼 겁니다.

두 번째 여행, 시간여행

위아래로 길게 보는 훈련입니다. 이 여행에서는 삼대에 걸친 대한민국 여성의 삶을 관찰하면서, 지금 이 시대를 사는 여성들은 어떤 시대적 억압과 혜택을 받았는지, 그것이 우리의 육아에 어떤 영향을 미치고 있는지 살펴볼 겁니다.

세 번째 여행, 성장여행

밖에서 안으로 들어가 보는 훈련입니다. 이 여행에서는 우리가 성장하는 동안 얼마나 부지불식간에 '조연'으로 살아가게끔 세뇌되었던가를 재발견할 겁니다. 그것이 '나'를 잃어버리는 데 결정적으로 어떤 영향을 미쳤는지도.

이렇게 좌우, 위아래, 안팎을 샅샅이 훑고 나면, 우리는 식탁 전체를 온전히 파악할 수 있게 됩니다. 그러면 우리가 식탁의 제자리로 돌아갔을 때 해야 할 일도 깨닫게 되겠죠.

첫 번째 여행,
세계여행

모자라지도
넘치지도 않게

오대양육대주를 고루 다녔을 즈음
어떻게 사는 사람들이 행복하고
어떻게 사는 사람들이 불행한지
서서히 보이기 시작했어요.

균형.

부족한 건 좋은 게 아니지만,
넘치는 것 역시 좋은 게 아니었어요.

자신의 삶에서
넘치거나 부족한 부분을 늘 자각하고
'균형'을 맞추며 살아가는 사람들이 행복했어요.

육아도 마찬가지였습니다.
아이에게 넘치는 것은 덜어주고

부족한 것을 채워주면

행복한 육아가 되었지요.

이 세상 어디에도 '완벽한 엄마'는 없었어요.

균형을 찾아주는 '좋은 엄마'가 있을 뿐이었지요.

저는 육아를 이렇게 정의 내렸어요.

아이에게 모자란 것은 채워주고

넘치는 것은 덜어주는 엄마의 일.

지금부터 저와 함께 세계여행을 하며

이 정의를 같이 이해해봅시다.

먼저, 에콰도르부터 가볼까요?

세계의 청소년들에게서
답을 찾다

에콰도르의 안데스 산골입니다. 맨 오른쪽 소녀는 지금 중빈이
가 붙잡고 있는 남동생이 저 나무를 잘 넘어올지 걱정스레 쳐다
보고 있어요. 처음 만났을 때, 소녀는 엄마의 좌판에서 등산객을
상대로 물건 파는 일을 돕고 있었어요.

등산로 초입에서 삶은 고기를 팔기에, 한 덩이씩 사서 아이들에
게 나눠주었어요. 그런데 소녀는 먹지 않고 남동생이 다 먹을 때

를 기다렸다가 자기 것을 주더군요. 동생은 누나 건 누나가 먹으라고 고개를 저었어요. 소녀가 아주 작게 한 입 베어 물고 재차 내밀자, 그제야 동생이 누나의 고기를 먹기 시작했습니다. 우리는 산에서 즐거운 시간을 보냈지만, 소녀는 놀이의 중간쯤에 엄마를 도우러 좌판으로 뛰어가야 했어요.

자, 이쯤에서 제가 질문을 해볼게요. 이 소녀의 생활에서 넘치는 건 뭘까요? 지나치게 많은 것 말입니다.
"모성애."
"배려심."
"인내심."
"노동."

맞아요. 그럼 이 소녀에게 모자란 건 뭘까요?
"물질적 풍요."
"자기애."
"아이다움."
"교육."

그렇죠. 소녀가 행복해지기 위해서는 지금 넘치는 것들을 덜어 주고 부족한 것들을 더 주면 될 겁니다. 만약 소녀의 엄마가 형편껏 그 역할을 해내기 위해 노력한다면 그것이 바로 좋은 엄마가 되는 길일 거예요. 예를 들어, 소녀가 좌판으로 돌아갔을 때 "일 안 하고 어디 가서 놀다 왔어?"라며 소리를 지르는 대신, "우리 딸, 놀고 싶은데도 엄마를 도와주는구나. 고맙고 미안해"라며 안아주는 식으로요. 엄마가 사회의 구조적 문제를 해결할 수는 없지만, 적어도 그 안에서 고통받는 자식의 마음을 헤아려 줄 수는 있는 거지요.

이번엔 북유럽으로 가봅시다. 우리가 흔히 이상적이라고 부러워하는 덴마크 아이들을 예로 들어볼까요? 덴마크에서는 청소년이 되면 준성인의 특권을 누려요. 파티도 하고 술도 마시고 섹스도 하죠. 이 아이들에게 한국의 청소년들이 새벽부터 밤까지 교실에 붙잡혀 있다는 얘기를 하면 깜짝 놀라서 되물어요. "근데 왜 걔네들은 가만히 있어요?" 우리가 북한 사람들을 보며 '왜 폭동을 안 일으키지?' 하는 것과 같죠. 청소년들을 새벽부터 밤까지 재소자 수준으로 가둬놓고 들입다 공부시키는 것, 외부인의 관점에서는 도저히 이해할 수 없는 일인 겁니다.

덴마크 부모는 청소년 자녀가 술, 담배, 파티, 섹스를 경험하는 것을 어른이 될 연습을 하는 과정이라 여겨서 크게 개입하거나 제지하지 않습니다. 아이들 역시 대학이나 취업은 부모와 해결할 부분이 아니라 국가와 해결할 부분이라고 생각해요.

다시 질문. 여기서 덴마크 청소년들에게 넘치는 건 뭘까요?

"청춘."

"자유."

"사회적 안정감."

"풍요로움."

그렇죠. 그럼 이들에게 모자란 건 뭘까요? 모자란 게 없을까요?

"음… 없는 것 같은데요?"

조금만 더 생각해봅시다. 분명 모자란 게 있어요.

"…결핍?"

맞아요! 결핍이 없는 것도 커다란 결핍입니다. 결핍이 없으면 필

사적인 목표의식도 없어요. 죽기 살기로 덤비지 않죠. 결핍은 동기부여의 어머니이자, 격렬한 창작의 어머니이기도 합니다.

이제 우린 우간다로 왔어요. 바이올린을 든 저 소년은 호수에서 손님에게 카누를 몇 시간씩 저어주고 2달러를 벌어요. 저를 만나자마자 말했어요. 중학교에 가고 싶은데 학비 2만5천 원을 줄 수 있냐고. 저뿐만 아니라 사실 만나는 관광객마다 그것부터 말했어요. 하루 한 명이라도 손님을 확보하기 위해서라면 거짓말, 속임수, 그런 건 밥 먹듯이 해치웠어요. 어찌나 뭐든 빨리 배우는지 중빈이가 저 바이올린을 건네자 10분 만에 운지법을 익혔죠.
내게 아빠가 강도를 만나서 죽었다고 했지만 나중에 알고 보니

에이즈로 돌아가셨어요. 쉬쉬하는 거예요. 엄마는 몸져누워 있다는데 그렇다면 에이즈일 확률이 높죠. 물론 저 소년의 건강상태도 알 수는 없는 상태였죠.

질문해볼게요. 저 소년에게 넘치는 건 뭘까요?

"목표의식."

"필사적인 삶의 자세."

"정신력."

"결단력, 생활력."

"언변."

그래요. 의외로 넘치는 게 많죠? 그럼 모자란 건 뭘까요?

"가정의 보호."

"국가적 안전망."

"휴식."

"물질, 교육, 아이디움…."

맞습니다. 이젠 균형점을 아주 잘 찾아내고 있어요. 바로 앞 덴마크 청소년에게 부족한 것이 이 우간다 소년에게는 넘치고, 덴마크 청소년에게 넘치는 것이 우간다 소년에게는 너무 부족하지요?

여긴 어딜까요? 네, 한국입니다. 독서실 같지만 잘 보면 PC방입니다. 우리 아이들의 생활상을 대표하는 두 가지를 동시에 알려주는 사진이라서 골라봤어요.

우리 아이들에게 넘치는 것부터 찾아볼까요?

"공부."

"인터넷."

"전자기기."

"스트레스."

"경쟁심."

"인공적인 공간."

모자란 건 뭘까요?

"자유."

"오프라인의 소통."

"자연."

"필사적인 삶의 자세."

"자기주도성."

"창의성."

"협동."

"운동."

어이쿠, 우리 아이들에겐 넘치는 것도 모자란 것도 많네요. 균형이 많이 깨어졌다는 뜻이겠죠? 또, 엄마들이 조금만 시야를 넓힌다면, 대학 말고도 내 아이의 인생에 필요한 것이 무엇인지를 금방 파악할 수 있다는 뜻이기도 할 겁니다.

성적표만 보면 불안한 엄마들이
해야 할 것들

앞에서 봤듯 여건이 변하면 엄마가 더해주거나 덜어내줄 항목
도 바뀝니다. 그 좋다는 프랑스 육아, 덴마크 육아 같은 걸 우리
나라로 가지고 와 봐야, 현실적으로 적용이 어려운 것도 바로 이
때문입니다.

그럼 우리나라에서 좋은 엄마가 되려면 뭘 해야 할까요? 아이에
게서 '공부, 인터넷, 스트레스, 경쟁심' 같은 걸 덜어줘야 할 거예
요. '자유, 자연, 필사적인 삶의 자세, 자기주도성, 창의성, 소통,
협동, 운동' 같은 걸 더 주고요.

그런데 실제로는 다수의 엄마들이 어떤 걸 더 주고 있나요? 넘
치는 걸 자꾸 더 주고 있죠? 공부, 스트레스, 경쟁심 같은 것들
을. 더 투자하고 더 관리해서 불균형이 악화되고 있지요. 균형
이 깨진 아이들은 고통스러워하고, 방문을 걸어 잠그거나 학교
와 집을 뛰쳐나가고 있습니다. 자정 넘도록 순순히 대치동 학원
에 앉아 있는 아이들 중에서 상당수가 스마트폰에 자기 엄마를
'××년'으로 저장해둔다는 슬픈 이야기를 우리는 흔히 접합니다.

입시 중심 사회인 이곳에서 행복한 육아를 하려면, 엄마는,

첫째, 제아무리 성적의 광풍이 밖에서 불어와도 의연히 일어나 문을 걸어 잠그고 적절히 아이를 보호할 줄 알아야 합니다. 그래야 아이도 자기를 보호해주는 엄마에게 감사를 느끼고 가정을 포근한 곳으로 여기게 되죠.

둘째, 문만 걸어 잠그는 것이 아니라, 실제로 성적보다 훨씬 중요한 것들을 집 안 잘 보이는 곳곳에 들여놔야 합니다. 사랑, 우정, 신뢰, 정직, 공감 능력, 유머 감각, 공동체 의식…. 그리고 그러한 것들을 키워줄 음악, 책, 대화, 스포츠, 여행, 요리, 산책, 공동체 활동 같은 것들을.

행복한 가정에는 이런 '가치'들이 반질반질 잘 닦아놓은 도자기처럼 윤을 내며 자리 잡고 있기 마련입니다. 이 가치들 중에서 하나, 엄마가 특히 큰 가중치를 부여하는 하나가 육아의 목표가 되는 거고, 가훈이 되는 거고, 'THE 가치'가 되는 겁니다.

엄마들은 말합니다.
"알아요. 나도 그러고 싶어요. 그런데 잘 되지 않아요. 성적표만 보면 불안해져서…."

그렇게 대한민국 엄마들은 '성적분리불안'°에 걸립니다. 성적분리불안에서 벗어나기 위해 가장 좋은 건 교육 환경이 이상적으로 정비되는 거겠지만, 우리가 어렸을 때부터 그대로인 입시제도가 어느 세월에 바뀌기만 기다리겠어요? 아이는 곧 내 품을 떠나버릴 텐데. 아이는 이미 내게 '돈 먹는 하마'이자 '지지리도 말 안 듣는 웬수'가 되어버렸는데. 내 육아는 후회만 남긴 채 끝나버릴 판인데. 게다가 입시교육은 그 효능감이 나날이 떨어지고 있고 4차 산업혁명은 범지구적으로 당도했는데.

내가, 내 가정에서부터 먼저, 성적분리불안을 끊어내고 더 중요한 가치를 지킬 수 있어야 합니다. 그러려면 당장 아이 앞에 놓인 접시에 반찬 한 가지라도 더 놓아줘야 한다는 강박부터 내려놓읍시다. 부모가 반찬 한 가지에 연연하면 아이도 평생 반찬 생각밖에 못 해요. '큰 시야'가 '큰 가정'을 만들고 '큰 아이'를 만듭니다.

식탁을 떠나 전체를 바라보는 힘!
우리, 그 힘을 좀 더 키우기 위해
두 번째 여행을 떠나기로 해요.

○ 　　　　　　　부모가 아이의 성적과 분리가 되지 않아서, 아이의 성적이 하락하면 자신 또는 가족 전체가 나락으로 떨어지고 있다는 불안에 사로잡히는 것. 편의상 제가 만든 단어입니다. 대한민국 학부모 중 대다수가 성적분리불안에 걸려 있다고 하면 과장일까요?

두 번째 여행,
시간여행

우리는 왜
나쁜 엄마가 되었나

시간여행에서는 '할머니 → 어머니 → 나'
삼대에 걸친 대한민국 여성의 삶을
공통의 키워드로 비교하겠습니다.

여기서 우리는 다음을 확인할 거예요.
대한민국의 여성들은 세대마다 어떤 억압과 혜택을 받았나?
그 결과 어떤 육아를 했나?

또 우리는 다음을 주의 깊게 살펴볼 거예요.
옛것들이 빠르게 사라지고 새것으로 교체되었지만,
남성 중심의 사회구조는 아주 '천천히' 흔들렸으며
입시 중심의 사회구조는 외려 더 '강화'되었다는 것.

그것이 엄마들에게
많은 것을 더 주고 모자란 것을 빼앗는
'나쁜 엄마'의 역할을 부여했다는 것.

시대가 변하면
육아도 변해야 합니다

우리나라는 세계에서 가장 빠른 속도로 발전했어요. 한 세대 만에 후진국에서 개발도상국으로, 다시 한 세대 만에 개발도상국에서 선진국으로 도약했지요. 남들은 백 년이 넘도록 해결하지 못하는 것을 삼십 년마다 해치웠으니, 대단한 민족이라는 자부심을 가져도 좋을 겁니다. 하지만 인정해야 할 것은, 우리 모두 숨이 차다는 사실이에요.

'엄마' 역할은 어땠을까요? 과연 대한민국이 변하는 속도에 맞춰서 제때 역할 변화가 이루어지긴 했을까요?

앞에서 세계여행을 할 때, 한 나라에 과잉인 것이 다른 나라에서는 결핍인 것을 확인할 수 있었습니다. 그 균형점을 찾아가는 과정에 육아의 행복이 있었지요. 그걸 이해했다면, 이제 곧 떠날 여행에서 우리가 이해할 지점도 비슷합니다.

우리나라에서는 한 세대에서 과잉인 것이 다음 세대에서 결핍이 되곤 했거든요. 혹은 결핍이었던 것이 과잉으로 뒤바뀌었거나. 그러니 앞 세대에서 하던 양육방식으로 지금 아이를 키우고 있다면 문제가 될 수밖에요. 그건 마치 에콰도르 아이에게 필요한 것을 덴마크 아이에게 주는 것만큼 부적절할 겁니다.

시간여행에서 우리는 더 이상 시대에 맞지 않는 양육방식을 그대로 답습하고 있지는 않은지, 변화한 환경에 맞는 새로운 양육방식으로 아이들을 키우고 있는지 점검해볼 것입니다.

아들로 시작해 아들로 끝나던
여성들, 할머니

1960년의 사진입니다. 이 사진의 맨 뒷줄에서 우리는 할머니가 젊은 엄마였을 때의 모습, 그리고 맨 앞줄에서 엄마가 어린 딸이었을 때의 모습을 짐작해볼 수 있습니다.

사진 속 젊은 엄마에게 넘치는 건 뭘까요?

"자식."

"노동."

"시집."

"복종."

"마을공동체."

맞습니다. 자식은 일고여덟씩 예사로 낳았지요. 노동은 가사, 육아, 농사 등 안팎으로 끊이지 않았고요. 세탁기는커녕 수도도 없어서 개울에서 얼음을 깨고 빨래를 했어요. 부엌 아궁이에 불을 피우는 것으로 하루를 시작해서 시어른 방에 군불을 넣는 것으로 하루를 마감했지요. 후진국형 가부장제의 전형이었습니다.

주목할 점은 공동체가 살아 있어서 이 모든 걸 대가족이나 이웃 단위로 함께해냈다는 거예요. 예를 들면, 갓난아기를 시어머니에게 맡기고 농사를 지으러 나갔고, 추수는 마을 단위의 품앗이로 했으며, 자식도 조금만 크면 노동력을 제공했어요.

하지만 공동체의 주인공들은 명백히 남성들이었습니다. 남편의 마을로 '시집간' 여성은 남편의 가정에서 먼저 인정받아야 그 마을에서도 정식 일원으로 인정받을 수 있었어요. 시집에서 확실하게 인정받는 첫 단계는 '아들'을 낳는 것이었습니다. 딸은 열을 낳아도 소용없었어요. (환장할 노릇이죠.)

저 여성에게 모자랐던 건 뭘까요?

"물질."

"휴식."

"교육."

"견해."

"자존감."

결핍이 무척 많았어요. 이 여성은 가난과 가부장제라는 거대한 억압에 짓눌렸습니다. 가정에서는 남자의 부속품이자, 사회에서는 천대받는 열등한 존재였어요. 여자가 똑똑하면 오히려 귀찮은 일이 생긴다며 교육의 기회가 주어지지 않았고, 교육을 받지 못하니 견해도 지니기 어려웠어요. 시집에서 내쫓기면 취업은커녕 거지가 되기 십상이었습니다. 결혼한 딸을 둔 부모는 자동적으로 '딸 가진 죄인'이 되어 딸이 '소박맞지' 않을까 늘 마음을 졸여야 했어요. 몇백 년 전 이야기가 아닌, 고작 우리 할머니 세대 이야기입니다.

이 시절의 여성들에게 육아란 어떤 것이었을까요?

시부모와 남편에게 24시간 순종하면서, 아들 낳기. 아들이 나올 때까지 죽기 살기로 아들 낳기. 끝까지 못 낳으면 칠거지악七去

之惡으로 쫓겨나도 불만 없기. 첩을 들이거나 딴 데서 아들을 낳아 데려와도 거역하지 않기. 아들 문제가 해결되고 나면 (역시 시부모와 남편에게 24시간 순종하면서) 가족들의 추위를 막아줄 옷 짓기. 배고픔을 막아줄 쌀 씻고 밥 짓기. 아이가 공동체에서 살아남도록 농사와 위계와 규율 가르치기. 최대한 빨리 자녀를 가업에 끌어들여 부족한 일손 충당하기. 최대한 빨리 딸을 출가시켜 입을 덜고, 최대한 빨리 아들을 결혼시켜 새로운 노동력인 며느리 얻기….

어떤가요?

'나'를 찾기는커녕 '나'라는 개념이 들어설 자리도 없지요? 위계의 아래쪽(며느리)에 머물면서 위계의 위쪽 구성원(아들)을 충원해주고 내내 위쪽 구성원들(시부모, 남편, 아들)을 모시는 역할이 이 시절 여성들의 임무였습니다. 하루하루가 그 역할을 완수하기 위한 인내의 서바이벌이었죠. 출산일이 낼모레여도 땡볕에 나가 밭을 갈고, 밭을 갈다 애를 낳고, 딸을 낳았으면 미역국은커녕 욕을 얻어먹고, 그 와중에도 끼니마다 덜 추스른 몸을 털고 일어나 시부모와 남편 밥상을 '따뜻하게' 차려 바쳤습니다. 현대적인 시각으로 바라본다면 '아들을 낳아주는 노예'와 다를 바 없었죠. (할머니가 아직 살아 계시다면 한 번 따뜻하게 안아드립시다.)

독박육아와 성적관리를
시작한 여성들, 엄마

다음 세대로 가봅시다.

저 여성이 낳은 딸의 세대로.

아들을 낳으려다 사이사이에 '실수로' 낳아서

치욕을 안겨주었던 딸들 말입니다.

바로 우리의 친정어머니나 시어머니들이죠.

그들이 꾸린 가정이자,

우리 7080 여성들과 남편들이 자라났던 가정으로 가봅시다.

1980년대에 찍은 가족사진입니다. 대한민국은 불과 한 세대 만에 농업중심의 후진국에서 산업중심의 개발도상국으로 등극했어요. 수많은 도시 중산층이 이때 탄생했지요.

저 사진 속 젊은 여성, 즉 우리의 어머니는 어떤 생활을 했을까요? 우리는 할머니 세대에서 넘쳤던 것들(자식, 노동, 시집, 복종, 마을공동체)을 기준으로 어머니 세대를 견주어볼 겁니다.

자식

둘이나 셋. 정부 주도의 가족계획으로 확 줄었습니다.

노동

중산층 여성의 노동 강도는 낮아졌어요. 상하수도 시설과 가전
제품의 등장으로 혁명에 가깝게 가사노동이 줄어든 데다, 도시
화 덕분에 농업노동도 사라졌지요. 하지만 가사노동의 종류는
엄청 늘어났어요. 농경사회의 옛 라이프스타일이 남아 있었던
상태에서 산업사회의 새 라이프스타일도 받아들여야 했거든요.
쓸고 닦고 빨고 삶고 다리고 풀 먹이는 것. 썰고 볶고 메주 쑤고
김장을 담그는 것, 이런 건 농경사회에서부터 가져온 것이었죠.
아이들 숙제 봐주고 학원 알아보고 장 보고 계 들고 집 장만하는

것, 이런 건 산업사회에서 새로 생긴 업무였어요. 오늘날 보험설계사, 요리사, 세탁부, 학원 강사 등 대략 열 몇 가지 직업인들이 해낼 일을 당시 여성들은 혼자 다 해냈습니다.

시집

도시화, 핵가족화로 시집과는 거리가 생겼어요. 그래도 여전히 '집'은 시집에서 아들을 위해 마련해주는 것이었고, 시집식구들은 언제든 제집처럼 '아들 집'에 드나드는 것이 보통이었지요.

마을공동체

마을공동체는 도시화와 함께 해체됐습니다. 도시에서도 골목 단위의 이웃 개념이 존재하긴 했지만, 구성원이 자주 바뀌어서 지속성을 지니긴 어려웠어요. 도시로 흩어진 친족들끼리는 열심히 만남을 유지하며 친족공동체를 유지하고자 했지만, 새로운 생존 방식 속에서 이전의 끈끈함을 유지하긴 불가능했습니다.

이번에는 할머니 세대에서 부족했던 것들(물질, 교육, 견해, 자존감)이 어머니 세대에서 어떻게 변화했는지 살펴봅시다.

물질

초가집이 멸종하고 다세대주택과 아파트가 늘어났어요. 집집마다 컬러 TV, 세계명작 전집 같은 것들을 차례차례 갖춰 나갔습니다. 그러나 이때의 '소비'란 없었던 무언가를 최초로 갖춰 나가는 개념이었지, 이미 있는 멀쩡한 것을 더 나은 것으로 갈아치우는 개념은 아니었어요. 여전히 절약과 검소가 사회적 미덕이었습니다.

교육과 견해

소수의 여유 있는 집안 여성들만이 고등교육을 받았습니다. 다수의 여성들은 오빠나 남동생을 위해 자신의 교육적 기회를 희생했지요. 으레 남자는 자신보다 덜 배운 여자와, 여자는 자신보다 더 배운 남자와 결혼했어요. 남편은 엄연히 아내의 상관이자, 한 집안의 대장이 되었죠. 그래서 부부싸움을 할 때면, 여성들은 고등교육을 받고 사회생활까지 하는 남편에게 큰소리치기 힘들었습니다. 설령 큰소리친다 해도 남편 기죽이는 여자로 사회적 질타를 받았죠. 여자가 남자보다 잘날 수 없었고 잘나면 안 되는 (여성으로서 제구실을 못하는) 구조였습니다.

사회 진출이 막혀 있으니 여성은 여전히 사회적으로 열등한 존재일 수밖에 없었어요. 사회 동향을 파악하는 능력도 떨어졌고 사회적 영향력을 행사할 기회도 적었죠. 다만 TV나 라디오의 등장으로 이전엔 공동체 또는 남성에 전적으로 의존했던 정보를 쉽게 접했어요. 부족하나마 격변하는 세상과 보조를 맞출 수 있었죠.

자존감

여성의 개인 시간은 분명히 늘어났어요. 그러나 여성은 이 시간을 가족 단위로 사용했습니다. 특히 남편에서 아들로 이어지는, 더 많은 '사회적 기회'를 가진 남성들에게 우선적으로 헌신하는 데 사용했어요. (그 아들들이 바로 우리의 남편들이 된 겁니다. 그러니 그들이 가정에서 '여성'에게 어떤 헌신을 기대할지 알 수 있지요?) 한편, 이 여성들은 격변하는 사회에서 자신의 딸들이 도태되지 않길 바랐어요. 상급자인 남편이 "집구석에서 논다"라고 자신을 모욕하거나, 바람을 피우는 등 남편에게 귀책사유가 명백해도 경제적 능력이 없어 이혼 결정을 내릴 수 없을 때, 비장하게 "너는 나처럼 살지 마라"라고 딸에게 말하는 엄마들이 생기기 시작했지요. 그녀들은 콩나물 값을 깎아가면서 악착같이 딸들의 등록금을 마련했어요.

이 여성들은 적어도 아들을 낳는 기계이거나 노예는 아니었어요. 꽉 막힌 지역사회에서 집단규범에 얽매였던 자신들의 엄마 세대와 달리, 열린 도시에서 최소한의 개별성을 누리고 자존감의 새싹을 틔울 기회를 가졌죠. 단지 그 자존감이 (개인의 것으로

서가 아니라) 가족이라는, 이전 세대보다 '조금 줄어든 집단'의 것으로서 싹을 틔웠어요.

이 시절의 여성들에게 육아란 어떤 것이었을까요?

전보단 덜해졌지만 그래도 여전히, 아들을 낳아 키워내는 일이었어요. 이전 세대 여성들이 아들을 낳을 때까지 딸을 줄줄이 낳아야 했다면, 이 여성들은 태아 성별 감별을 통해 원치 않는 딸일 경우 임신 중단 수술을 받았습니다. 그럼에도 아들을 끝까지 낳지 못하면 '아들 없는 집', '딸딸이 엄마' 등 불완전하거나 조롱 섞인 호칭을 감수해야 했지요.

이 시절의 육아는 최초의 독박육아였어요.
친정조차 도와주지 않는 진정하고 완벽한 독박육아였지요. 이들의 친정엄마나 시어머니에게 자녀란, 당신들이 더 중한 일(농사)을 할 때 '알아서' 컸던 존재였습니다. 그들에게 아이를 보는 일은 노동 중에서도 가장 쉬운 노동이며, 며느리나 딸이 집 안에서 그것만 한다면 진짜 남편 잘 만난 것이라 믿었지요. 그래서 이 독박육아의 원칙은 남편이 돈만 벌어다 주면 (심지어 돈을 안 벌어다 줘도) 나머지는 혼자 다 해야 한다는 것이었습니다. 애도 혼자 키우고 가사도 혼자 돌볼 것. 뿐인가요? 최소한의 월급봉투에서도 최대한의 산출물을 만들어낼 것. 그것이 대학 등록금이든 결혼식이든 아파트 한 채든.

또한 이 시절의 육아는 최초로 세심함이 가미된 육아였어요. 이전엔 아이가 죽을 정도로 아프지 않으면 병원에도 데려가지 않았지만, 이제 도시 중산층 가정에서는 녹용을 먹이러 아들을 한의원에 데려가거나 포경수술을 해주러 비뇨기과로 데려가기 시작했어요. 딸에게 예쁜 원피스를 사 입히거나 피아노를 가르치는 것도 유행했지요. 이 세심한 육아의 진정한 하이라이트는, 바로 아이가 가져온 성적표를 관리하는 것! 개발도상국에서 대학 졸업장은 평생 중산층으로 살아갈 수 있는 보증수표였기에, 이 일은 육아에서 대단히 중요한 부분을 차지했어요. 아이의 성적표는 곧 아내의 성적표가 되었지요. 아이 성적이 좋지 않으면 남편은 "너는 놀고먹으며 애 대학 하나 못 보내냐?" 대놓고 아내를 타박했어요.

어떤가요?
여전히 '나'를 찾기엔 여성을 둘러싼 장벽이 너무 높았지요? 이 시절 엄마들은 무수한 일을 처리했지만 결국 '놀고먹는' 굴레에 갇혀야 했어요. 여성에게 육아와 가사는 너무 당연한 노동이었고, 너무 쉬워서 아무도 쳐주지 않는 노동이었으니까요.

하지만 입시가 아이들 운명의 동아줄로 급부상하면서 엄마들은
드디어 '사회적으로 인정받는' 중요 과업을 부여받은 거였어요.
아이 성적에 매진하는 전업주부 군단의 탄생!

'SKY에 보낸 엄마=성공한 엄마'라는 공식이 이 시기에 확고해
졌어요. 여성에게 새로운 가치를 부여하는 것은 어려웠지만, 모
성에게 기존의 가치를 다시 부여하는 것은 전혀 어려운 일이 아
니었지요.

필연적으로 죄책감을 안고 사는
요즘 엄마들, 나

다음 세대로 가봅시다.

앞의 여성이 낳은 딸은 어떤 생활을 하고 있을까요?

아들을 낳은 뒤라면 보너스처럼 있어도 좋은,

그래서 귀여움도 받았던 그 딸들 말입니다.

바로 우리 7080 여성들이지요.

2017년의 한 가족사진입니다. 앞 가족사진과 달리, 모두가 카메라를 자연스럽게 응시하며 웃고 있습니다. 불과 한 세대 사이에 대한민국은 최첨단의 정보와 기술을 폭풍처럼 흡입했고, 개발도상국에서 선진국으로 진입했거든요.

그럼, 저 사진 속 여성인 '나'는 어떤 생활을 하고 있을까요? 변화를 효과적으로 대비시키기 위해서, 이번에도 같은 항목인 '자식, 노동, 시집, 복종, 마을공동체'부터 살펴보겠습니다.

할머니 세대에서는 지나치게 많다가, 어머니 세대에서는 줄어든 것들이지요. 이것이 우리 세대에 이르러 어떻게 변화했는지 살펴볼까요?

자식

점점 낳지 않는 사회적 분위기가 되었어요. 불과 한 세대 만에 정부는 출산을 억제했다가 출산을 적극 장려하는 쪽으로 돌아섰습니다. '아이는 낳아 놓으면 알아서 큰다' → '아이에겐 세심한 보살핌이 필요하다' → '아이에겐 너무 많은 것이 필요해서 아무나 못 낳는다'로 변화한 겁니다.

노동

직장맘의 경우, 회사일, 가사, 육아, 세 가지 노동을 도맡는 슈퍼우먼이 되어야 해요. 할머니 세대에 버금가는 노동량이라고나 할까요? 남성 중심의 고학력 노동 시장에 여성들이 대거 진출하기 시작했지만, 기존의 일터와 가정 모두 남성 중심으로 편재되어 있었기 때문입니다. 궁여지책으로 친정엄마들이 "내가 이러려고 너를 콩나물 값 깎아가며 가르친 게 아니다"라며 다시 조손 양육의 세계로 뛰어들었습니다. 그러나 조손양육에서 불거지는 모녀간 (고부간) 갈등은 또 다른 정신노동의 챕터를 창출하고 있지요.

전업맘의 경우, 독박육아와 교육이라는 두 거대한 문제와 정면으로 씨름해야 합니다. 독박육아는 그나마 만 3년이 지나면 강도가 느슨해지지만, 교육은 무려 대학입시까지 이어지지요. 이전 세대보다 고등교육을 받은 엄마들이, 이전 세대보다 훨씬 많은 자본으로, 이전보다 훨씬 치열해진 경쟁에서 같이 뛰는 '입시육아'가 전업맘의 주된 노동이 되었어요.

시집과 복종

시집은 시대에 발맞추지 못해 스스로 '진상'이 되었습니다. 아직도 시부모는 며느리와 소통할 때 단순한 거절 하나도 저항처럼 받아들이고, 명절이면 며느리가 19세기의 부엌데기가 되길 원하기 때문입니다. 부조리한 위계 구조가 개선되지 않으니, 여성들은 가족행사 때에만 의무방어전을 치르는 식으로 시집과 벽을 쌓게 되었어요. 반면에 직장맘이 증가하면서 친정식구들과는 적극적으로 육아공동체를 만들고 있습니다. 요즘 아이들은 대부분 외가를 친가보다 가깝게 여겨요. 대한민국은 가부장제에 목을 맨 결과, 오히려 빠른 속도로 모계사회로 이동 중인 거지요.

지역공동체

역사 속으로 사라졌습니다. 1인가구가 많아졌고, 다인가구조차 각자 방에 틀어박혀 모니터만 쳐다보는 중입니다. 우리는 온라인 공동체라는, 보이지 않는 사람들과 더 많은 시간을 함께 보내고 있습니다.

이번엔 할머니 세대에서는 결핍, 어머니 세대에서는 탄생하거나 성장하기 시작한 것들이 우리 세대에서 어떻게 변화했는지 살펴볼까요?

물질

엄청나게 사고 버립니다. 더 이상 절약과 검소는 미덕이 아니에요. SNS에 24시간 올라오는 타인의 화려한 삶 때문에 우리는 그 어느 때보다 많이 지니고도 그 어느 때보다 상대적 박탈감을 느낍니다. 와중에 가장 큰 피해를 입는 것은 '환경'이지요. 우리는 역사상 가장 거대한 쓰레기장의 주인들이 되었어요.

교육

바로 이것이 7080 여성들의 '가장 중요한' 특징일 겁니다. 대한민국 여성사에서, 할머니는 못 받고, 어머니는 소수만 받은 고등교육을 '대거' 받은 최초의 여성세대라는 것![○] 이 세대부터 지성은 더 이상 남성들만의 전유물이 아니게 되었습니다.

견해

교육을 받았으니 당연히 견해도 생겼지요. 남편은 더 이상 자기만큼 배운 아내의 상급자 역할을 할 수 없게 되었어요. 여성들이 경제력을 가지게 되었을 뿐 아니라, 호주제 폐지나 재산분할청구권 등 남성 중심 법령에도 변화가 일어나면서 여성도 얼마든지 이혼을 선택할 수 있게 되었습니다. 여성들은 온오프라인의 다양한 창구를 이용해 왕성하게 사회적 견해를 드러내는 중이지요.

자존감

7080 여성들은 교육으로 '깨어났고' 이전에 없던 '자아'를 선물받았습니다. 그러나 남성 중심, 입시 중심 사회는 이 자아를 장착한 여성들을 맞이할 준비가 되어 있지 않았어요. 사회에서, 가

○　　　　　1990년도에 이르러 최초로 여성의 고등교육 비율이 초중교육 비율을 앞지르기 시작함. (통계청 자료)

정에서, 이들은 적극적으로 자아를 돌보지 못하도록 다양한 방해를 받습니다. 예를 들어, 남성 중심 사회는 직장맘들의 출산과 육아를 조직적으로 방해했어요. 직장을 가진 많은 여성들이 엄마가 되면 커리어를 포기하는 수순을 밟아야 했습니다. 커리어를 포기하는 순간, 사회는 기다렸다는 듯 '경단녀'라는 이름으로 그녀들을 가정에 박제시켜버렸지요.

남성 중심 사회가 여성들을 가정으로 돌려보내면, 입시 중심 사회가 그녀들을 배턴터치했어요. 경단녀의 끊어진 '진짜 사회생활'을 '가짜 사회생활'로 대체해주는 역할이지요. 아이의 사회생활이 엄마의 사회생활이라는 착각을 심어주는 방식으로.

새로 전업맘이 된 경단녀는 '그동안 자식을 제대로 돌보지 못했다'는 자책감을 안고 입시 경주를 달리기 시작합니다. 처음부터 전업맘이었던 여성은 언제나 '더 충분한' 사교육을 지원해주지 못한다는 자책감을 안고 그 경주에서 달리지요. 집에 있으면서 아이도 잘 못 키운다는 자책감은 1+1입니다. 하지만 끝까지 커리어를 버리지 않은 직장맘이야말로 자책감 덩어리입니다. 그녀들은 (남들 다 해주는) 밀착관리를 아이에게 해주지 못한다는 자책감을, 아이가 성적표를 받아올 때마다, 더는 성적표를 받아오지 않는 어른이 되어서도, 한평생 짊어지고 사니까요.

이 시절의 여성들에게 육아란 어떤 것일까요?

간단히 요약하자면,
선진국다운 의욕으로 시작했지만
개발도상국다운 경쟁으로 끝나는 공허.

요즘 엄마들은 세상의 온갖 육아법과 육아용품을 온오프라인에서 비교합니다. 지적으로나 물질적으로나 전에 없이 풍요로운 세대지요. 그러나 이들은 이전과 달리 육아 자체에 엄청난 부담을 느끼는 세대이기도 합니다. 공동체가 파괴된 도시에서 성장했고, 형제도 적었기 때문에 성장과정에서 자연스럽게 육아를 보고 배울 기회가 없었어요. 더구나 참고서만 붙잡고 책상에서 자란 입시세대다 보니, 육아가 생애 첫 '사람 잡는 육체노동'이 될 수밖에요.

이들은 아파트라는 밀폐된 주거공간에서 독박육아를 하며 심신이 소진된 채로 남편이 육아와 가사에 동참하기를 기대합니다. 하지만 남편은 '마지막 귀한 아들' 세대인지라, 선뜻 소파에서 일어나 '여자의 일'에 동참하지 않지요. 자신도 가사와 육아가 낯선 와중에 남편에게 육아와 가사를 하나씩 가르치기까지 해야 하는 운명인 겁니다. 그나마 배울 의지가 있는 소수의 남편들에게나 가능한 일이지요. 또 그나마 시어머니가 "우리 귀한 아들 그런 거 시키지 마라" 훼방 놓지 않을 때나 가능한 일이지요.

한편, 입시세대인 이들은 경쟁의 달인들이기도 합니다. 그래서 자녀에게 '필요한 것'을 주는 데 그치지 않고 '가장 좋은 것'을 주려고 합니다. 출산준비물에서 교구에 이르기까지, 이들은 많은 시간을 아이에게 '가장 좋은 것'을 검색하며 보냅니다. 1등으로 자녀를 지원한 부모는 자녀가 1등 결과물을 가져오길 기대하는 법. 아이들은 가장 좋은 숫자(키, IQ, 성적)와 가장 좋은 역할(모범생, 우등생)을 기대하는 부모에게 부담을 느끼며 자라납니다.

그러나 불행히도, 이들은 자녀에게 올인하면 할수록 실패할 확률도 높아지는 시절을 살고 있습니다. 대한민국 대졸자 취업률은 매년 사상 최악°을 갱신하고 있어요. 부모는 투자 대비 낭비했다고, 자녀는 실패했다고 느낄 수밖에 없는 구조지요. 경쟁이 포화상태가 될수록 엄마들은 남은 1%의 가능성만 보고 밀어붙입니다. 어떤 직장맘은 투잡에 버금가는 수준으로, 어떤 전업맘

○   2019년 4년제 대졸예정자 취업률은 정규직 11%, 비정규직 10%. (2019년 1월 기준, 1112명 조사, 잡코리아) 90%에 가까운 대졸자가 졸업과 동시에 비정규직에 발을 얹거나 실업자가 된다는 뜻.

은 취업에 버금가는 수준으로 '치밀하게' 아이에게 안테나를 고정시키지요. 편법적이거나 불법적인 지원도 서슴지 않습니다. 부모들 스스로가 'only 성적'이 인생의 동아줄이었던 입시세대였기에, 이것 아닌 다른 길을 모색할 기회를 갖지 못했어요. 자신이 학창시절 공부를 열심히 했으면 "넌 왜 나만큼 안 해?"라고 자식을 볶고, 공부를 안 했으면 "내가 공부 안 한 걸 얼마나 후회하는지 알아?" 하면서 볶아요. 자신들이 어렸을 때보다 훨씬 더 할 일이 많아진 자식들을 가엾게 여기면서도, 이 판에서 아이들을 탈출시키는 방법은 알지 못합니다.

어떤가요?

7080 여성들은 어렵사리 '나'를 찾을 자원을 획득했지만, 그 자원의 많은 부분이 (몇 단계의 사회적 방해를 거쳐) 고스란히 '자식 성적'으로 흘러 들어가고 있습니다. 4차 산업혁명 시대의 디지털 세상은 휙휙 전진하는데, 대한민국의 엄마와 아이는 모두 시험지를 붙잡고 후진하고 있어요. 비슷한 GDP를 가진 다른 나라에서는 방학이면 온 가족이 트레킹을 하거나 바닷가에 세컨하우스를 얻는데, 대한민국에서는 방학 전부터 어느 학원에 아이를 앉혀놓아야 하나 정보전이 치열합니다. 그리고 방학 내내 학원에서 받아 오는 점수에 아이의 운명이라도 걸린 것처럼 일희일비합니다. 아빠들은 "주말에도 사는 낙이 없다"고 하고 엄마

들은 "모르는 소리 좀 하지 말고 TV 소리나 줄여"라고 해요. 아이 인생에서 아빠는 돈만 내고 빠져주는 게 성공의 요인이라는 무시무시한 소리를 해가면서.

앞 세대 엄마들은 농경사회와 산업사회를 오가면서도 비교적 후자인 산업사회 엄마 역할에 정체성을 두었어요. 그 결과, 빠르게 달리는 성장열차에 효과적으로 고학력 자녀들을 태울 수 있었지요. 그런데 7080 엄마들은 개발도상국과 선진국을 오가면서 결국 전자인 개발도상국가 엄마 역할에 정체성을 두었어요. 그 결과, 느리게 달리는 성장열차에 실업자 자녀들을 잔뜩 태우고 있습니다.

인정하기 아프지만,
우리는
육아 퇴행의 세대.

◇

그래서 뭘 어쩌란 말이냐고요?

이 판이 쪼그라들어 가는 건 알지만

그렇다고 여기서 애를 꺼내 딱히 어디다 두냐고요?

바로 그것입니다.

그런 질문을 던지는 것이 중요합니다,

'어쩔 수 없지 않냐'는 푸념만 반복하는 건

아무 소용이 없으니까요.

함께 모색해봐야겠지요.

최상위 몇 프로만 데려가는 이 판이

내 아이를 성장시키는 판이 아님을 확신한다면,

엄마의 20년을

학습관리, 우울, 돈 낭비로 뒤덮을 필요는 없겠지요.

온 힘을 다해 새로운 판을 찾는 데 집중해야겠지요.
우리에겐 문제를 바라보고 해결할 '지성'이 있으니까요.

엄마 스스로 소모적인 자책을 멈추고
엄마의 자원을 새로운 'THE 가치'를 세우는 데 쓰고
그로써 새롭게 아이를 대한다면
아이는 아이대로
소모적인 패배감에서 벗어나
'THE 가치'를 장전하고
뚜벅뚜벅 제 나름의 갈 길을 찾지 않을까요?

이 판의 안에서든, 밖에서든,
자기가 직접 선택한 곳에서 말입니다.

◇

식탁 전체를 보며
변화를 꾀할 수 있는 용기!
그 용기를 얻기 위해 지금
세 번째 여행을 떠나봅시다.

나의 '용기 없는' 내면을 살펴보는 여행.

앞에서 사진 배우기를 포기한 그녀처럼
갈등이 생기면 쉽게 포기하는 나.

판을 바꾸거나
나만의 'THE 가치'를 찾기는커녕,
그저 자신이 가치 있는 존재라는 사실조차
자꾸 잊어버리는 나.

나는 오늘도 '나'를 방치하면서

자식에게 반찬 하나를 더 챙겨 먹이려

분주한 건 아닐까?

상황을 보다 정확히 깨닫기 위해,

먼저 '나'의 내면으로 여행을 떠나봅시다.

세 번째 여행,
성장여행

줏대 있는 여성으로
살 수 있을까

마지막 '성장여행'은 말 그대로 성장과정을 돌아보는 여행입니다. 앞에서 삼대를 언급하는 와중에 간략하게 훑었던 7080의 특징들을 이번엔 현미경에 올려놓고 자세히 들여다보는 거지요. 모든 궁극의 여행은 자신을 돌아보는 내면여행이니까요.

여기서 우리는 이런 구체적인 질문들을 던져봐야 합니다.
왜 나는 학창시절 꼭 친구와 같이 화장실에 갔을까?
왜 지금도 혼자 식당에서 밥을 먹거나 영화 보는 것이
내키지 않을까?
왜 학부모 모임이 피곤하면서도 거기서 소외되면 불안할까?
왜 늘 타인에게 허락과 동의를 구할까?
왜 반대에 부딪히면 곧장 양보하고 포기할까?
왜 내 뜻을 관철시키기 위해 더 과감해지지 못할까?
투쟁하거나, 지르고 볼 수도 있는 거 아닐까?
이것은 내가 나를, 나의 판단을
확실하게 지지해주지 못한다는 뜻일까?

왜 나를 포기시키는 역할은 남편뿐 아니라 친정부모, 시부모,
갓 태어난 아이, 직장 상사나 동료가 되기도 하고,
때로 순순히 나 자신이 되기도 할까?
이것은 바꿔 말하면, 아무나 내가 하고자 하는 바를
꺾어놓을 수 있다는 뜻 아닐까?
아무나.

젠장.

이 여행에서 우리는 이 사회가 우리에게 심어준 '구멍 숭숭 뚫
린' 여성관을 직면할 예정입니다. 성장과정에서 우리에게 지대
한 영향을 미쳤던 대상들을 면밀히 만나보면서.

내가 양보하지 않으면
모두가 불편한 세상

엄마

딸의 성장기에 가장 큰 영향을 미치는 사람은 엄마입니다. 그런데 우리의 친정엄마들은 '나를 위하지 않는 것=희생=엄마 역할'이라고 몸소 보여주셨지요. 그건 당시의, 당신들의, 최선이었을 겁니다. 하지만 지금, 우리의, 최선이 될 수는 없어요. 앞에서 살펴봤지요? 나라마다, 시절마다, 즉 상황이 바뀔 때마다 균형점은 바뀌고 이상적인 역할도 바뀐다는 것.

7080 여성 중 대다수가 남편 때문에 고통받습니다. 남편들 중 다수가 가사분담을 할 줄 모르고, 양육의 즐거움도 잘 알지 못하며, 소통에도 서툴러서 '툭' 하면 '욱' 하는 후진국형 남편들이기 때문입니다. 하지만 그들을 비난만 할 수는 없어요. 그들은 아버지로부터 배운 대로 하는 중이니까요. 다정함이 무슨 고추라도 떨어지는 흠으로 간주되던 시절, 권위적 가장이자 마초적 산업 역군으로 기능했던 아버지들이 전수해준 역할을 그대로 물려받은 것이지요.

117

그렇다면 우리는 왜 어머니의 역할 역시 '그 아버지들의 아내들'로부터 가져오면 안 된다는 것을 적극 깨닫지 못하는 걸까요? 남편들만 변화해야 하는 것이 아니라 아내들도 변화해야 한다는 것을 말입니다.

친정엄마는 결혼 전, 여자라는 이름으로 억압받았고, 결혼 뒤에는 아내와 엄마라는 이름으로 희생했어요. 바로 우리 눈앞에서, 구멍 뚫린 내복을 입고 밥상 위 잔반을 모아 드셨지요. 남편과 자식만 잘되면 만사형통이라 말씀하셨고 실제로 그렇게 사셨어요. (남편과 자식으로 '나'(자아)를 대체하니 아들을 며느리에게 뺏겼다는 식의 표현이 가능했겠지요?)

가족을 앞에 세우고 자신은 뒤에 서는 철저한 보조자의 역할. 그것은 여성의 사회 진출이 가로막힌 사회에서 친정엄마에게 허용된 유일한 사회적 역할이었습니다. 그래서 친정엄마는 자신의 욕구를, 남편과 자식이 쓸 화장실 청소보다도 더 나중으로 미루고 돌보지 않았어요. 자신이 이루지 못하는 꿈을 자식이 이루어주길 바랐지요. 생활은 고되고 자아는 돌볼 겨를이 없으니 지친 감정을 (무서운 남편이나 귀한 아들 말고) 만만한 딸들에게 퍼붓는 일도 흔했습니다. 수많은 딸들이 수시로 엄마의 '감정 펀칭백'이 되었을 뿐 아니라, 엄마의 꿈을 대신 이루어주는 역할까지 해내야 했어요.

우리는 부지불식간에 배웠습니다.

'엄마의 역할은 저런 거구나.'

'자식에겐 저렇게 해도 되는 거구나.'

만약 우리가 아이가 흘린 밥알을 주워 우리 입에 넣는다면, 그건 밥알이 모자랄 만큼 가난해서가 아닙니다. 마트에 가서도 아이 물건은 유기농으로 된 걸 꼼꼼히 비교하며 가장 비싼 걸 고르고, 우리 건 마지막에 천 원이라도 싼 걸로 집어 들고 온다면 우리에게 천 원이 없어서 그러는 게 아니지요. 그것이 좋은 엄마의 역할이라고 배워버렸기 때문입니다. 사실 그런 일들이 반복되면, 결코 좋은 엄마가 될 수 없는데 말이에요.

만약 우리가 아이를 내 꿈을 대신 이뤄줄 대체물 정도로 생각한다면, 스스로 꿈을 이룰 능력이 없어서가 아닙니다. 힘들 때마다 아이에게 그 어떤 감정적 필터도 없이 소리소리 지른다면, 그게 아이에게 해롭다는 걸 배운 적이 없어서 그러는 게 아니에요. 자식에게 그래도 된다고 배워버렸기 때문입니다. 사실 그런 일들이 반복되면 자식이 뒤도 돌아보지 않고 엄마를 떠나버리는 시절을 살고 있는데 말이에요.

아빠

아빠들은 우리를 '잠시 맡아 보관하는' 유리병처럼 키웠어요. 우리가 집을 나설 때면 옷차림을 단속했고 집에 들어오는 시간을 단속했습니다. 조신하라는 훈계도 잊지 않았지요. 그건 결혼식에서 신부를 인계하는 과정이 고스란히 보여주듯, 결혼 전까지는 우리가 자신의 보호하에 놓여 있으며, 결혼과 동시에 남편의 보호하에 놓일 텐데, 그때까지 유리병이 깨지지 않도록 잘 보관했다가 인수인계하겠다는 의지의 표현이었어요.

그건 곧, 우리가 스스로 자신을 보호할 수 없는 존재라는 뜻이기도 했지요. 또 그건, 우리가 위험에 처한다면 우리의 조신하지 못한 행동이나 옷차림 때문이라는 매우 그릇된 암시이기도 했어요. 또 유리병의 특성상 금이 가거나 깨어지면 더 이상 '쓸 수 없는' 물건이 되어버리는 것이며, 동시에 사랑스러운 딸이나 신부가 될 가능성은 영영 사라져버릴 거라는 절망적인 암시였습니다.

반면 오빠나 남동생에게는 늦은 귀가, 술, 여자 등 많은 것들이 '사내자식이 해봐야 될 경험'으로 관대히 허용되었지요. 우리가 아들보다 덜 간섭받는 영역은 하나였어요. 취업. 아빠는 아들이 취직을 못 하면 집안이 곧 망할 것처럼 한숨을 쉬었지만, 딸이 취직을 못 하면 "잘 있다가 시집이나 가라"며 갑작스레 관대해

120

졌어요. 약한 유리병이 일을 하면 얼마나 하겠냐는 듯이. 우리의 사회적 역할은 어차피 집 안에 놓여 있다는 듯이.

당시 아빠들은 육아에 일절 관여하지 않았고 표현마저 적어서 끝끝내 자녀들과 애착관계를 형성하지 못한 경우가 많았습니다. 자식에게 "사랑한다"거나 "소중하다" 같은 말을 한 번도 들려주지 않았고, 자식과 아내에게 폭언과 폭력을 행사해도 "미안하다"고 사과하지 않았어요. 하지만 자식 인생에 중요한 순간이 다가오면, 집안에서 가장 뛰어난 지적, 경제적 능력을 지닌 '가장'이라는 이름으로 불쑥 나타나 자식의 진로를 결정해버렸습니다. 어느 날인가는 뜬금없이 이런 요구도 했어요. "아빠한테 애교 좀 피워라. 넌 무슨 딸이 그렇게 무뚝뚝하냐?"

할머니

할머니는 분명 우리를 귀하게 여기셨어요. 그러나 오빠나 남동생을 귀히 여기는 것에 비하면 아무것도 아니었지요. 할머니의 그런 '성차별'은 일관되게 노골적이었지만, 아버지와 어머니에 이르면 정말 기이할 지경이었어요. 우리가 보기에 아빠는 의례적으로만 할머니를 챙겨도 할머니의 절대적인 관심과 배려를 받는 반면, 엄마는 거의 온종일 할머니를 챙기는데도 한 번도 할머니가 흡족해하는 것 같지 않았거든요. 고부관계에서, 할머니는 늘 완강한 모습을, 엄마는 늘 무력한 모습을 보였어요. 엄마가 백 번 참다가 한 번 작심하고 '명'을 거부할지라도, 그럴 때면 일가친척 모두가 "자네가 더 참지 그랬나!"며 엄마를 손가락질했어요. 우리는 겁을 먹은 채 그걸 눈여겨보았지요.

이상하긴 조카들에게 인형도 사다 주고 용돈도 주는 상냥한 고모도 마찬가지였어요. 고모는 우리 편을 들고, 아빠 편을 들고, 할머니 편을 들었는데, 엄마 편을 들어야 할 차례에선 입을 삐쭉거리기만 했어요. 당시에는 외할머니나 이모 같은 외가 쪽 여성이 엄마를 찾아오는 경우가 드물었어요. '출가외인'인 엄마가 외가를 찾아가는 일도 드물었지요. 우리 집에 드나드는 건 주로 아빠 쪽 인척들이었고, 그들은 우리에게 '시댁'이라는 위계를 분명히 했어요.

우리는 장차 엄마도 되고, 고모도 되고, 할머니도 될 것인데, 집 안에서 안정적인 여성들 간의 연대의식을 배울 수가 없었어요. 이 세상에서 우리를 가장 아껴주는 여성들로부터 서로 돕는 안정적인 자매애를 느낄 수가 없다는 것, 이것은 우리의 여성관에 커다란 악영향을 미쳤어요. 남자들이 현실에서, 영화나 TV에서, 신물 나게 형제애와 동료애를 들먹이며 피로써 맺어지는 것과 대조적이었고, 사위들이 '백년손님'으로 처갓집 식구들과 여유롭게 맺는 관계와도 대조적이었지요.

우리는 가정 내에서 가장 확실히, 여성이 남성보다 낮다고 배웠어요. 종종 '내 자리는 어디에 있을까?' 생각하곤 했어요. 출가외인으로 예약된 친정에서 소속감을 느끼기엔 뭔가 부족했고, '백년하녀'인 시집에 진짜 가족으로 포함될 수 없다는 것도 일찌감치 알아버렸거든요. 우리는 '내 가정이나 잘 꾸려 내 것으로 만들자' 생각했어요. '내 가정에서 우리 엄마처럼 아빠에게 눌려 살지는 말자' 결심하기도 했지요. 하지만 그 '내' 가정사에 시집 식구가 감 놔라 배 놔라 하면, 그때마다 남편이 본가 편을 들면 어떻게 하지? 그 대처법을 배운 바가 없어 불안해지곤 했어요. 남자들에겐 본가도 안정적인 자신의 집이고, 새로 꾸린 가정도 자신의 집이며, 처갓집은 대접받는 집인 것과 매우 달랐지요.

그들이 우리에게 보여준
불공평한 세상

미디어

미디어야말로 시청률에 편승해서 진부한 여성의 역할들을 공고히 했지요. 드라마에서는 툭하면 발랄한 며느리를 매섭게 가르치는 호랑이 시어머니가 등장해서 시청자들에게 통쾌함을 선사했어요. 아니면 부처님이나 다름없는 맏며느리가 전 국민의 사랑을 받았지요. 결혼한 여자가 아이를 못 낳아서, 반대로 비혼 상태인 여자가 아이를 낳아서 사회적으로 멸시를 받는 것 역시 흔한 소재였어요. 강간당한 여자가 '버린 몸'을 비관해 자살하는 일은 드라마 속뿐 아니라 실제로도 빈번했지요.

사극은 더했어요. 순종형 대감집 딸(반드시 예뻤지요), 산적보다 드센 주모(유일하게 자기주도적으로 사회생활을 하는 여자였어요. 반드시 못생겼지요), 가족을 위해 장렬히 숨을 거두는 어머니(이 역마저 반드시 젊었을 때 예뻤던 배우가 맡았지요)가 나왔어요. 뿐인가요? 궁으로 배경을 옮겨가면 영리한 여자들은 모두 권력자에게 간택되려고 온몸을 불사르는 옵션을 택했어요. 간택된 뒤에도

(남자가 아닌) 고작 다른 여성들을 배척하는 베갯머리송사에 여념이 없었지요.

성장과정 내내, 우리는 똑똑히 보았어요. 여성이 어떻게 남성에게 이용되는지를. 어떻게 남성을 위해 봉사하도록 길들여지는지를. 어떻게 모성(아들)을 통해 권력을 얻는지를. 그 권력을 유지하기 위해 어떻게 다른 여자를 배척하는지를.

우리는 또 똑똑히 들었어요. 드라마에서 색다른 여성 캐릭터가 남자 배우에게 자기 의견을 꿋꿋이 관철하면, 아버지가 "저년 말 대답하는 것 좀 봐라!" 욕설 담은 탄식을 하고, 어머니가 "쯧쯧… 겁도 없다" 세상이 곧 망할 듯 혀를 차는 것을. 다음 날 신문을 펴면 어김없이 그 '신여성'이 젊은 여성들에게 미칠 악영향을 우려하는 기사가 떠억 한 자리 차지하고 있었지요.

학교

학교는 우리에게 새 시대에 맞는 여성의 역할을 가르쳐주었을까요? 그럴 리가. 예나 지금이나 시대에 가장 느리게 반응하는 곳이 학교인 걸요.

교과서 속에는 여성 인물이 거의 등장하지 않았어요. 등장해봐야 수십 년째 유관순 아니면 신사임당이었어요. 나라를 위했거나 자식을 위했지요. 거기엔 시대적 억압에도 불구하고 자아실현을 중시한 여성의 투쟁 샘플은 있지도 않았어요. 자신의 욕망에 정직하거나, 자신의 일에 매진한 나혜석° 같은 여성들은 한마디로 발칙하게 나대는 여성이어서 당시에도 남성들 손으로 확실하게 매장을 당했고, 이후에도 여학생들 눈에 안 띄게 꽁꽁 감춰졌어요. 우리가 대학생이 되고 난 뒤에야, 우리 여성의 손으로 '페미니즘적 재조명'이라는 이름하에 그들을 하나씩 발굴해 내야 했지요.

수많은 교사들이 여학생들에게 가정관리학과, 식품영양학과, 간호학과, 유아교육과를 권했어요. 불문학과나 영문학과, 그림을 그리거나 악기를 연주하는 과들도 우아한 대안이었지요. 적성 때문이 아니라 '결혼하기 유리한' 학과들이기 때문이었어요. 모

○   조선 남성 심사는 이상하외다. 자기는 정조 관념이 없으면서 처에게나 일반 여성에게 정조를 요구하고 또 남의 정조를 빼앗으려고 합니다. (략) 그네들은 적실, 후실에 몇 집 살림을 하면서도 여성에게는 정조를 요구하고 있구려. 하지만, 여자도 사람이외다! 한순간 분출하는 감정에 흩뜨려지기도 하고 실수도 하는 그럼 사람이외다. 남편의 아내가 되기 전에, 내 자식의 어미이기 전에 첫째로 나는 사람인 것이오. (략) 조선의 남성들아. 그대들은 인형을 원하는가. 늙지도 화내지도 않고 당신들이 원할 때만 안아주어도 항상 방긋방긋 웃기만 하는 인형 말이오. 나는 그대들의 노리개를 거부하오. 내 몸이 불꽃으로 타올라 한 줌 재가 될지언정 언젠가 먼 훗날 나의 피와 외침이 이 땅에 뿌려져 우리 후손 여성들은 좀 더 인간다운 삶을 살면서 내 이름을 기억할 것이라. ─《나혜석. 이혼 고백서》 중에서

름지기 여성에게 대학이란, 학문적 깊이를 더하거나 사회적 진로를 넓히는 곳이 아니라, 더 괜찮은 집안으로 시집가기 위한 자격증을 얻는 곳, 또는 아이를 더 잘 키우기 위해 고급진 교양을 쌓는 곳이었지요.

몸

여성들은 가장 일차적이고 근본적인 것, 바로 자신의 몸에 대해서도 스스로 주인이 아니었어요. 그저 다리를 쩍 벌리거나, 벌러덩 드러눕거나, 브래지어 끈이 옷 밖으로 나온 것만으로도 주변의 핀잔을 들어야 했으니까요.

아무도 성인이 될 때까지 내 몸의 결정권에 대해 말해주지 않았어요. 성행위의 기쁨에 대해서는 더더욱 말해주지 않았지요. 그건, 남성의 전유물이었으니까요. 여성이 기쁨을 느끼더라도, 그건 남성의 성적 능력을 입증해주기 위해 꼭 필요한 부속품 같은 것이었어요.

미혼여성의 성은 당당한 체험이 될 수조차 없었어요. 그래서 우리 중 대부분은 자신이 좋아하는 체위가 뭔지도 잘 모르고 결혼했어요. 알아냈더라도 그걸 알아낸 상대가 남편이 아니라면 남편에겐 입을 다물었어요. 음탕한 여자처럼 보일 테니까. 만약 남편이 첫 남자였다면, 그 사실은 남편에게 깊은 만족감을 주었을 거고, 결혼생활 내내 아내 쪽에 유리하게 작동하는 일종의 훈장이 되어주었을 거예요.

이런 상황에서 오르가슴은 포르노 주인공들이나 누리는 먼 나라 얘기일 수밖에요. 우리나라에서 끝까지 오르가슴을 겪어보지 못한 기혼여성을 만나는 건 지금도 흔한 일입니다.

공부

우리는 남동생과 똑같이 학원을 다녔고 오빠와 똑같이 독서실에 다녔어요. 학업에 있어서만큼은 남녀차별 없는 경쟁 속에서 대학생이 되었지요. 'only 성적' 하나로만 아이의 전부를 평가하는 멍청한 교육시스템은 의외의 성평등을 가능하게 했어요. 한 교실 안에서 남학생과 여학생이 완벽하게 동등한 경쟁자가 되었으니.

물론 교실 밖 인식은 여전히 이중적이었어요. 엄마는 우리가 높은 등수를 받아오면 "그래, 넌 결혼도 하지 말고 파출부 쓰며 살아라" 대리욕망을 털어놓았지만, 우리가 낮은 등수를 받아오면 "시집이나 잘 가라. 엄마 친구들 보니 여자는 공부 잘해도 소용없더라" 체념 어린 말씀을 하셨지요. 우리가 만약 오빠보다 공부를 잘했다면 할머니나 아빠는 빤히 들리게 속닥거렸어요. "쟤랑 쟤 오빠랑 바뀌었어야 했는데…."

급격한 산업화의 소용돌이 속에서 석유 한 방울 안 나는 대한민국에 자원이라곤 인적자원뿐이었어요. 공부는 전 국민에게 절대 선善이었지요. 공부가 개인을 살리고 국가를 살린다고 믿었어요. 성적이 낮은 것은 개인의 부도덕이자 집안의 수치가 되었어요. "저 집 애가 삼수로도 안 돼서 사수를 한대!" 사람들은 그 집에 어마어마한 우환이 닥친 것처럼 쑥덕거렸어요. "저 집 애가 서울대에 갔대" 사람들은 그 집에 금은보화가 있는 것처럼 부러워했어요. 공부를 잘해야 한다는 것은, 실제로 교실에서 공부를 열심히 하든, 뒷골목에 숨어서 뼹을 뜯든, 모두에게 뼛속까지 박힌 불편한 강박이었어요.

우리의 성장기 정체성은 극도로 단순했어요. '공부 잘하는 아이'와 '공부 못하는 아이', 그 두 가지뿐이었지요. 공부 때문에 칭찬을 듣고 공부 때문에 치욕을 당했어요. 공부를 잘하면 인성이 나빠도 부모가 모른 척해줬어요. 체육시간에 땡땡이를 쳐도 교사가 모른 척해줬어요. 공부를 못하면 인성도 좋고 체육부장을 해도 "너는 공부만 잘하면 좋을 텐데 말야" 아쉬운 한탄을 들어야 했지요. 우리는 가정에서, 교실에서, 정확히 성적순으로 부모와 교사가 아이들을 편애하는 것을 목격했어요. 그럼에도 저항하지는 못했어요. 그 불평등에 대해 불평하기라도 하면 어른들의 반응은 늘 같았으니까요.

"그러니까 억울하면 너도 공부 좀 잘하란 말이다!"

그렇게 우리는 '반찬'에만 길들여졌습니다. 우리에겐 교육을 통해 식탁 전체를 파악하고 비판적으로 판단할 능력이 배양되지 못했어요. 교육이 오히려 그것을 적극적으로 방해했지요. 세상의 정의는 오직 '성적'이라는 반찬 그릇 안에만 있었습니다.

페미니즘

우리는 대학에서 페미니즘 강좌 포스터가 나부끼는 캠퍼스를 거닐었어요. 수많은 '정치적 이념'과 관련된 포스터들 사이에서 '페미니즘'이란 단어는 아주 작은 자리를 차지하고 붙어 있었지요. 남북이 대립하고 정부와 재벌이 결탁하는 상황에서, 페미니즘 같은 것이 큰 목소리를 낼 단계는 아니라는 듯이.

우리가 여성학 강의실로 들어섰을 때 그 충격은 대단했습니다. 온순함에 길들여진 우리에게 그것은 아직 생겨나지도 않은 욕망을 욕망하라고 강요하는 선동 같았어요. 곱게 길들여진 우리에게 그것은 곱지 못한 여자들의 자포자기적인 영역 같았어요. 드센 여자들의 선을 넘는 요구 같기도, 저 멀리 서양에서나 가능한 유토피아적 주장 같기도 했어요. 이상적인 이야기를 가지고 우리의 현실 속 관계를 총체적으로 지적하는 듯했지요. 사랑으로 우리를 키운 부모님의 양육방식을 헐뜯는 모함 같기도 했고,

아무 문제도 느낄 수 없었던 남자친구와의 관계에 실은 처음부터 문제가 아주 많았던 거라고 이간질하는 듯도 했어요.

하지만 그 모든 낯섦 뒤에, 뭔가 후련한 느낌이 우리를 강타했어요. 뜨거운 반항심도 타올랐지요. 우리는 몇몇 페미니즘 지식들을 가지고 부모님이나 남학생들과 논쟁을 시도하곤 했어요. 하지만 언제나 별나다는 손가락질을 받는 것 외에 실질적인 소득이 없었어요. 그들은 여자들이 '특별대접'을 요구한다며 이상한 사람 취급을 했지요. 그리고 우리에게 경고했어요. 네가 앞으로 속할 조직들, 회사나 시집에서 비슷한 논쟁을 시도한다면, 사이코로 찍히거나 쫓겨날 거라고. 그렇게 페미니즘을 맛보았지만, 그것을 받아들일 준비가 전혀 되어 있지 않은 현실 속 어디에도 적용시키지 못했어요. 혼자서 변화를 만들기엔 사방이 철벽 같아서 일단 내려놓았어요.

강남역 살인사건이 일어나고, 미투가 불붙고, 더 젊은 여성들이 단체로 거리로 뛰쳐나오고, 젠더 감수성에 입각한 판결이 등장한 다음에야, 우리는 페미니즘이란 단어가 일상 속에 들어올 여건이 만들어졌음을 알게 되지요. 그러나 당장 북극곰처럼 소파에 누워 있는 남편에게, 아들 설거지 시킨다며 눈치 주는 시어머니에게, 어떻게 변화를 이끌어내야 할지는 알지 못해요. 차라리

혜화역으로 달려가는 편이 더 쉬워 보이지요.

일과 돈

자본주의 체제 안에서 돈은 두말할 것 없이 생존에 절대적인 요소입니다. 특히 대한민국의 현대사는 경제를 위해 나머지를 과감히 희생하는 방식으로 전개되었지요. 그럼에도 불구하고 우리가 자라는 동안 아무도, 여자에게도 '반드시' 경제력이 필요하다고 말해주지 않았어요. 그저 미련스럽도록 결혼을 잘해서 돈 잘 버는 남자의 돈을 관리하라고만 했어요. 그리고 절대! 이혼하지 말라고만 했지요.

우리가 어렸을 때 친척 중에 '돈 버는 여성'이 있을 때는, 그 남편이 무능해서 어쩔 수 없이 일해야 하는 그녀의 특수한 상황이 매우 측은한 어조로 묘사되곤 했어요. 만약 이혼한 경우라면, 안 해도 될 고생을 사서 한다는 식으로 묘사되었지요.
여자에게도 경력을 쌓는 보람이 있을 수 있다는 건 상상에서조차 불가능했어요. 어른들은 우리에게, 직장생활을 하다가 힘들면 언제라도 그만두고 결혼으로 도피할 수 있다고, 아니 적당히 일하다가 결혼 또는 출산과 함께 일을 그만두는 것이 가장 바람직하다고 주지시켰어요. 우리에게 고등교육을 시켜놓고도, 우리가 벌 돈보다 남편이 벌 돈을 더 많이 봤어요. 절대 여자 혼자서는 경제적 완전체가 될 수 없다는 듯이.

우리는 교실 안에서만 남자들과 동등했을 뿐, 졸업과 동시에 성
차별적 현실에 던져졌어요. 이전까지 고학력 일터는 남자로만
채워져 있었기에, 그야말로 남자판에 여자가 새로 끼어든 형국
이었지요. 웬만한 관리자들은 멸시와 호기심, 두려움이 뒤섞인
어조로 말했어요. "어떻게 여자랑 같이 일해?"
여자라는 것 자체가 크나큰 결함이어서 웬만큼 뛰어나선 취업
도 되지 않았어요. 우리는 극도로 우수하거나, 남성보다 더 남성
적이어야만 바늘구멍을 뚫을 수 있었어요. 친정아빠는 암탉이
울면 집안이 망한다며 우리에게 고분고분하라고 다그쳤는데, 직
장 상사는 하루아침에 수탉처럼 울지 못한다고 우리를 타박했
지요. 그리고 다시 회식 자리에선 옆자리에 앉아 사근사근 술을
따르라고 요구했어요. 이 사회는 우리에게 '불가능할 뿐만 아니
라 비도덕적이기까지 한' 멀티 플레이어 역할을 부여했어요. 논
리는 간단했지요. "우리는 바꾸기 싫다. 네가 맞춰라. 못 견디면
나가라. 어차피 일할 남자들 줄 섰다."

남자들 위주로 편성되어 있었던 조직에 여자가 들어오니 임신,
출산 등 전에는 고려할 필요가 없던 '문제'가 생기기 시작했어
요. 남자들은 소수에 불과한 여성들이 일으키는 이 '문제' 때문

에 전체가 배려하는 것은 비효율적이라 생각했어요. 임신을 하면 책상 치울 준비를 했지요. 반면, 애를 낳기 전날까지 일하고 출산 직후 곧바로 출근하는 여자는 미담의 주인공이 되었어요. 그들은 그냥 우리가 '애 낳을 수 있는 남자'가 되길 바랐어요.

우리는 회사 화장실에서 숨죽여 울었어요. 우리의 작은 흐느낌을 생매장해버리는 건 시끄러운 수탉들에게 아주 손쉬운 일이었어요. 우리가 견디다 못해 퇴사를 하면 그들은 말했습니다.

"거봐라, 약해빠진 것들. 오래 못 갈 줄 알았다."

만약 우리가 끝까지 버티면 그들은 말했어요.

"독한 년. 저건 여자도 아니다."

성희롱이란 개념과 용어, 출산과 육아 대책 같은 건 매우 더디 생겨났어요. 그럴수록 남성에게도, 국가 전체에도, 피해의 규모가 걷잡을 수 없이 커진다는 것을 각성하지 못한 채. 여성과 관련된 모든 이슈를 한 사회의 지속적 발전을 위해 미리미리 다루어야 할 이슈로서가 아니라, 여성 자체의 결함 때문에, 매출에 차질을 빚으니 어쩔 수 없이, 마지막 순간에 다루었어요. 그것도 몹시 성가셔 하는 '남성'들 손으로, 눈곱만큼씩 마지못해 변화를 허락하는 식으로. (그 결과, 오늘날 대한민국은 인구절벽이란 멸종 상황을 마주하고 있지요.)

맞벌이 가구가 절반에 육박하는 현재°, 상황은 얼마나 개선되었을까요? 여전히 같은 시간 일을 해도 남성 임금이 여성 임금보다 높아요. 그 시간 동안 아이를 맡길 보육기관은 부족합니다. 한술 더 떠서 엄마까지 입시판에 뛰어들어야 아이가 대학에 들어간대요. 그렇다면? 한 가정에서 부부가 내릴 선택은 하나입니다. 언제라도 남편이 아닌 아내가 일을 그만둬야 한다는 것.

그래서일 거예요. 외벌이인 남편이 고소득자라서 번듯한 아파트에 살며 사교육을 펑펑 시킬 수 있는 여자(드라마 〈SKY 캐슬〉의예서 엄마 같은)가 아직도 '진짜 팔자 좋은 여자'로 간주되곤 합니다. 여전히 한국 사회는 여성들을 '벌기보다 관리하는 자, 사회보다 가정에서 보람을 느끼는 자, 주도적으로 자아실현을 하지못하는 종속적인 자'라는 프레임 안에 가두고 있는 거지요.

우리 여성들이 이렇게나 일과 육아를 오가며 슈퍼우먼처럼 애쓰고 있음에도 여지껏 이 사회는 그 노동에 대해 그 어떤 온당한 정의도 내리지 않았어요. 종종 직장맘은 애 하나 제대로 건사 못하는 여자로, 전업맘은 남편 등골 빼먹는 여자로 묘사되곤 하지요. 마치 남성 중심의 이 사회는 선언한 것 같아요. 너희 여성들

°　　　　　　2018년 맞벌이 가정은 전체의 46.3% (통계청 자료)

이 어떤 역할을 맡든 (남자들이 못하는 '출산' 빼고는) 제대로 된 노동으로 인정하지 않으리라!

결혼

대한민국에서 여성으로 살아간다는 것이 무엇인가를 보여주는 것의 결정판은 결혼입니다. '엄마'와 '며느리'로서의 체험, 그 두 역할이 시작된 뒤에야, 우리는 자신의 열등한 지위를 제대로 인식합니다. 가사노동은 아내 혼자만의 몫, 육아도 엄마 혼자만의 몫, 육아 때문에 질 낮은 커리어에 자족하거나 아예 직장을 그만두는 것도 아내 혼자만의 몫, 배우자의 부모에게 최선을 다해야 하는 것도 아내 혼자만의 몫, 배우자의 죽은 조상에게까지 최선을 다해야 하는 것도 아내 혼자만의 몫, '접대'를 명목으로 술집에서 '도우미'들과 놀다 온 남편을 '업무의 일환'으로 이해해야 하는 것도 아내 혼자만의 몫…. 때는 바야흐로 21세기인데, 한마디로 개소리도 이런 개소리가 없지요. 이건 지성을 갖추고 자아를 장착한 한 인간이 받아들일 수 있는 수위를 넘어서도 한참 넘어선 일입니다.

하지만 우리는 어디서부터 이 말도 안 되는 불평등을 타파해야 할지 알 수가 없어요. 불평등은 너무나 조직적이어서, 개인으로서 뭘 어떻게 해보려 해도 전체는 꿈쩍도 않는 것만 같거든요.

이미 경력이 단절되었거나, 경력을 놓지 않으려니 애를 놓칠 것만 같아요. 불평등한 상황에 대해 조금이라도 입바른 소리를 하면 시집에선 "이상한 애 들어와서 집안 망친다" 날뛰고, 남편은 가사든 육아든 학습의사 제로임을 전시하지요. (혹은 드물게 '도와주겠다'며 생색을 내거나.)

답을 찾지 못하여 우리는 혼란에 빠집니다. 직장맘은 애만 키워도 되는 전업맘을 부러워하고, 전업맘은 돈과 경력을 쌓는 직장맘을 부러워해요. 그게 그렇게 서로를 부러워해서 해결될 일이 아닌데, 이러지도 저러지도 못한 채 우리의 혼란은 계속됩니다.

학교

우리의 혼란을 종결짓는 것은 어이없게도, 느닷없게도, 다시 성적입니다. 이번에는 '아이' 성적이지요. (세상의 정의는 여전히 'only 성적'이란 반찬 그릇 안에만 존재하는 걸까요?)

남편이, 시부모가, 심지어 친정부모까지 이렇게 말합니다.

"지금 네가 사진 배울 때냐? 네 새끼 진로를 걱정해야지."

게다가 그놈의 '진로'는 왜 그렇게 일찍부터 준비해야 하는 걸까요.

"옆집 아기는 세 돌인데 벌써 한글을 읽는단다."

"영어는 초등 때 마스터해야지."

"대치동에 가면 초6이 고등 수학을 선행하는 중인데….
대한민국은 다시 우리의 곪아터진 강박에 손가락을 집어넣고 후벼 파기 시작합니다.
'아, 맞다, 성적!'
'온 집안의 명예와 망신살이 한데 걸린 대학!'

어릴 때부터 가련할 정도로 성적에 길들여진 우리. 그 해묵은 강박이 건드려지는 순간, 제아무리 육아서를 열심히 읽고 건강한 육아관을 다듬어 왔다 해도, 갑자기 돌변해서 아이를 잡거나 아이를 잡아줄 기관을 찾기 시작하는 건 시간 문제가 됩니다. 성적이 아이 인생을 구제할 확률은 그 어느 때보다 낮아졌는데도, 아이가 앞으로 살아갈 세상에서는 정작 어떤 것들이 중요할까 고찰할 능력이 결여된 사람들처럼.
'새끼 들쳐 업고 뛰는 저 엄마 좀 봐. 에미라면 저 정도는 해야지!'
자책하면서, 우리는 그 익숙한 전투장으로 들어섭니다. 온갖 학원에, 컨설팅 업체에, 입학 설명회에, 자소서 대필에, 꼼수를 동원한 대회에…. 고학력자가 아니었던 친정엄마가 링 밖에서 "공부 열심히 해라!"는 말만 줄기차게 했던 것과는 차원이 다르게, 우리는 직접 링 위에 올라 '입시 이력'을 불사릅니다.
결과적으로 오늘날 대한민국의 교육은 아이 혼자서는 절대 뛸 수 없는, 엄마의 24시간 관리와 아빠의 돈(ft.무관심) 그리고 사교육 시장이 함께 뛰어줘야 성공하는, 기괴하고 극단적인 전투장이 되어버렸습니다. 전투의 승률은 점점 낮아져서 아무리 돈을 쓰고 애를 써도 진척이 없지요. 그럼에도 매년 돈과 지성으로 무장한 새로운 엄마들이 아이를 들쳐 업고 이 전투장으로 들어섭니다.

우리는 여기서 다음을 제대로 인지하고 넘어가야 합니다.

한 사회가 여성을 무시하고 모성만 강조할 때,
그 사회의 여성 인력은 결국 자신의 성취감을
모성 속에서 찾아낼 수밖에 없다.

전업맘들은 점점 더 과도한 모성과 경제력을 요구하는 이 전투장에서 극도의 무력감을 느낍니다. 온종일 아이와 밀착되어 있지만 아이의 최대치를 쥐어짜는 악역을 맡아야 하고, 느긋하고 인간적인 가족의 시간을 확보하는 건 하늘의 별 따기가 되지요. 그렇게 울며불며 20년 동안 키워놓아도 역대 최악의 청년 실업이 기다립니다.

직장맘 역시 엄청난 무력감을 느낍니다. 집으로 회사로 어린이집으로 동동거리며 8년 만에 학교에 넣어놨더니, 이제부터야말로 본격적으로 애한테 매달려야 한다네요. 아이를 좀 내려놓고 허약해진 커리어를 복구해야 할 시점에, 고작 애 옆에 붙어서 받아쓰기 봐주라고 회사를 그만두게 하는 겁니다. (결국 임원 자리는 남자들이 또 꿰차고 남성 중심 사회의 근간은 그렇게 유지가 되지요.) 이해할 수 없는 구조입니다. 공부는 학교가 시켜야지요. 그러라고 국민들이 열심히 일해서 세금을 내는 거잖아요. 일해서 세금은 세금대로 내고 사교육비는 사교육비대로 내고 집에선 집에서 대로 애 공부를 봐주라니… 직장맘은 몸이 세 개인가요?

이 전투장에서 직장맘이 유리한 고지는 하나뿐입니다. 학원비를 좀 더 여유 있게 대주는 일. 그리고 그 고지에서 늘 갈등합니다. 회사에서 학원비를 벌며 시시각각 "숙제했니?", "학원 갔다 왔어?" 원격으로 애를 잡을 것인가, 아니면 당장 내일부터라도 고용중단여성이 되어 집에서 "숙제해라", "학원 가라" 본격적으로 애를 잡을 것인가. 아이가 대학에 갈 때까지 끝없이 질문합니다. '이제라도 직장 때려치우고 애 성적 좀 챙겨야 하지 않을까?' 그 질문이 끝나는 시점은 질문의 유효 기간이 끝났을 때뿐입니다. 즉, 회사에서 잘리거나, 아이가 대학에서 잘린 경우.

이 전투장에서는 모든 엄마들이 패자입니다. 집에 있든 회사에 있든, '엄마의 20년'을 완벽히 입시육아의 악다구니 속에 보내버리면서. 남성 중심 사회와 입시 중심 사회에서 자아실현할 기회를 지속적으로 박탈당하면서. 입시 중심 사회가 남성 중심 사회를 강화시키고, 남성 중심 사회가 입시 중심 사회를 강화시키는 악순환에 '자신도 모르게' 공조하면서.

대한민국 역사상 '대학'이 가장 효과가 적은 이때에 말이지요.

◇

세 번의 여행을 모두 마쳤습니다.

애썼어요.

직시하기, 많이 힘들었지요?

세계여행에서 우리는,

'균형'이 행복한 육아의 핵심이라는 걸 배웠어요.

하지만 우리가 아이들에게

넘치는 것을 더 주고 모자란 것을 빼앗으며

불균형을 악화시키고 있다는 것을 발견했습니다.

시간여행에서 우리는,

우리가 풍요로운 첫 여성세대임을 확인했어요.

그러나 기존 사회가 우리를 효과적으로 흡수하지 못한 결과,

입시육아에 매달려 우리가 지닌 자원을

낭비하고 있다는 것을 깨달았습니다.

성장여행에서 우리는,

우리가 순종적이고 의존적인 2등 시민으로

길러지는 과정을 돌아봤어요.

그것은 우리가 정작 자신을 응원해야 할 순간에

'나'를 방치하고 모성으로 도망치도록 우리를 착실히 길들였습니다.

살펴보았듯, '가정에서 최초로 지원받은 딸'에겐

어려움이 많았어요.

사회에서는 '최초로 남자판에 던져진 여자'의 수모를 겪어야 했고,

자꾸 모성으로만 능력을 발휘하라 하니

가정에서는 '과잉 육아를 하는 극성 엄마'가 되기도 했어요.

전장의 맨 앞줄은 언제나 총알받이가 되기 마련입니다.

무슨 수로 첫판부터 매끈하게 잘해내겠어요?

아무도 변화하는 시대에 맞는 성역할을

우리에게 가르쳐주지 않았어요.

가르쳐줄 사람이 없었으니까!

대한민국은 줄곧 구성원들조차 당황하면서 급변해왔거든요.

우리는 알지 못했어요.

우리가 스스로 새로운 성역할을 알아내야만 하는 운명이라는 것을.

미투운동도, 올바른 명절문화도, 가사분담도,

좋은 엄마의 새로운 정의도… 바로 지금 우리가

끊임없이 고민하고 판단해서 재정립해야 한다는 것을.

또 우리는 알지 못했어요.

우리를 '조연'으로 규정하는 이 땅에서,

우리가 자아실현을 하고자 하면

필연적으로 투쟁이 될 수밖에 없다는 것을.

투쟁하듯, 옛 엄마들보다 자신을 '더' 돌봐야 하고,

자식과 남편을 '덜' 돌봐야 한다는 것을.

이것은 우리 7080 여성이 기꺼이 짊어져야 할 시대적 책무입니다.
다시 한 번 강조하지만,
우리는 대한민국 최초로 대거 고등교육을 받은 여성들!
우리에게 양질의 가르침을 줄 선배나 스승이 너무나 적기에,
우리는 적극적으로 손잡고 지혜를 모으며 나아가는 수밖에 없어요.

대한민국의 여성사는 앞으로도 꾸준히 혁명적이거나 점진적인 변화를
맞이하게 될 것입니다. 그래야 하고말고요. 그 과정에서 우리는 '배운'
딸들답게 확실하게 연대함으로써 우리의 시대적 임무를 완수할 것입니
다. 우리가 고등교육을 받을 수 있기까지 우리의 어머니, 할머니들이
어렵게 그 여건을 만들어왔던 것처럼, 우리 딸들도 우리를 디디고 더
나은 단계로 나아갈 수 있도록. 그렇게 우리 아들들도 더 나은 남편과
아버지 역할을 배우며 살아갈 수 있도록.

사실 우리가 함께했던 세 번의 여행은,

지금부터 우리가 할 일이 무엇인지 말해준 것이나 다름없어요.

입시육아, 종이육아 같은 시대착오적 퇴행을 멈추라.

우리가 상황 파악 못하고 후지게 살면 우리 자식들은 더 후지게 산다.

4차 산업혁명 시대에 맞는 육아, 균형 잡힌 육아를 위해 전진하라.

잃어버린 '나'를 찾는 것이 그 시작일 것이다.

남성 중심 사회가 변방으로 끌어다 앉히고,

입시 중심 사회가 조연으로 끌어다 앉히는 동안

산산조각 나버린 '나'의 조각들을 찾아 맞추고 똑바로 세우라.

◇

그럼, 지금부터

'나'를 찾아봅시다.

'나를 찾는 법' 15가지를

구체적으로 실천하면서.

어떻게
'나'를 찾을 것인가?

2 부

가정에서
분리된
자아찾기

써 붙이자.
'내 인생은 나의 것, 애 인생은 애의 것.'

어디에 써 붙일까요? 하루에도 몇 번씩 볼 수밖에 없는 곳에. 싱크대, 냉장고, 화장대, 세면대 거울 같은 곳. 눈에 띌 때마다 소리 내 읽는 겁니다.

"내 인생은 나의 것, 애 인생은 애의 것."

그리고 기억합시다.
'나는 이 땅에서 최초로 지원받은 딸이다.'
읽을 때마다 10g 정도는 자존감이 뿜어져 나올 거예요. 묘한 사명감도 솟아날 겁니다.
'우리 할머니가 노예처럼 뿌린 땅 위에, 우리 어머니가 쌈닭처럼 고등어 값 깎은 뒤에, 제대로 배운 내가 탄생했으니, 나는 그렇게나 귀한 사람이니, 내가 오늘 일어나 보람찬 하루를 보내지 못할 이유가 없다.'

자, 따라 해보세요. 매일 아침 아이가 학교에 가면 가장 먼저 아이 방문을 닫습니다. (직장맘이라면 현관문을 닫고 나가는 순간이 이때가 될 겁니다.) 방 안에 아이가 깜빡 놓고 간 준비물이 굴러다니든, 빵점짜리 시험지가 떨어져 있든, 얼른 나 몰라라 하고 닫으세요. 방문을 닫는 동시에 아이에 대한 생각도 끊습니다. 그리고 만세 삼창하듯, 자신에게 세 번 말해주세요.

"내 인생은 나의 것, 애 인생은 애의 것."

얼마나 다행입니까? 내 인생만 나의 것이어서. 스트레칭하듯, 다음과 같은 생각을 한 바퀴 돌리는 것도 정신건강에 도움이 될 겁니다.

'우리 가족은 오늘도 즐겁게 살겠다.'

'성적으로 팔자 고치던 시절은 끝났어.'

'아이의 관심사를 응원하겠다.'

'그 관심사가 내 맘에 안 들어도! 내가 그 세계를 잘 몰라서 그런 것이니.'

'게이머, 유튜버, 앱 개발자, 그리고 내가 알지도 못하는 직업이 각광받는 시절이다.'

'아이는 제 갈 길을 가게 두고, 나는 내 갈 길을 간다.'

'적어도, 아이와 떨어져 있는 동안만이라도!'

남성 중심, 입시 중심 사회는 계속해서 우리의 자아실현을 방해할 거예요. 결혼했으니, 애 낳았으니, 경력이 단절됐으니, 나이 먹었으니, 자식이 공부 못하니, 아이가 중2병에 된통 걸렸으니, 고3 수험생이니, 재수하니, 삼수하니, 취업시켜야 하니, 결혼시켜야 하니, 손주 키워줘야 하니… 볼 장 다 봤다면서 우리를 집구석에서 누군가를 보조하는 역할로 붙들어 맬 거예요. 이 과정은 정확히 아이가 마마보이, 마마걸이 되어 어른이 되어서도 부모에게 대롱대롱 매달려 있는 결과를 낳겠지요. 우리는 끝나지 않는 자식 뒤치다꺼리로 일생을 보낼 겁니다.

매일 아침마다 '볼 장 다 봤다'는 편견과, '뒤로 물러나라'는 속삭임과, '후광으로 만족하라'는 명령과 싸워야 합니다. 어떻게? 소리 내 말하면서.
"내 인생은 나의 것, 애 인생은 애의 것!"

아이의 성취는 언제라도 대견한 일일 겁니다. 우리는 늘 그것을 응원해줄 거예요. 하지만 그것을 나의 성취로 착각하지는 않을 겁니다.
아이의 실패는 언제라도 가슴 아픈 일일 겁니다. 우리는 늘 그것을 위로해줄 거예요. 하지만 그것을 나의 실패로 간주하지는 않을 겁니다.

그 어떤 경우라도, 우리는 자식을 응원하고 위로하는 일 못지않게 자신을 응원하고 위로하는 일이 중요하다는 걸 잊지 않을 거예요. 남편에게도°, 아이에게도, 당당히 '나'를 응원해달라고 할 겁니다. 엄마라는 자리는 한 가정에서 가장 큰 영향을 지닌 자리! '나'는 내 가정에 가장 큰 영향을 미치는 사람이고, 내 성장은 내 가정에 가장 큰 자산이 될 테니까요.

내 안의 낡은
'엄마' 롤모델을 지우자

앞에서 살펴보았듯, 우리를 키운 친정엄마는 자아를 탐색할 기
회를 갖지 못했습니다. 가족 단위의 욕망에 눌려 개인적인 욕망
도 희생했지요. 더는 시절에 맞지 않는 엄마 역할입니다. 내 안
에 닮은 구석이 있다면 미련 없이 버려야 합니다.

후진국형 부모와 선진국형 부모는 어떻게 역할이 다를까요?
후진국 부모는 아이를 위해 자신을 희생할 수밖에 없습니다. 식
구가 셋인데 떡이 하나뿐이면, 간신히 구한 떡 하나를 아이에게
양보하는 것이 부모의 역할이겠지요. 눈앞에서 자신을 위해 굶
는 부모를 빤히 보면서, 아이는 그 극진한 희생에 감사합니다.
'어서 자라서 떡을 벌어와야겠다'고 결심하지요. 제3세계의 아
이들은 그렇게 일찍 철이 들고 어릴 때부터 노동에 뛰어들면서
노쇠해가는 부모를 책임집니다. 그렇게 모두가 주연배우 자리를
내어놓고, 희생하고 양보하는 조연으로서 가족공동체를 유지해
나가는 거지요.

선진국에서는 식구가 셋일 때 떡이 다섯 개쯤 됩니다. 아이들은 고등교육을 통해 천천히 진로를 탐색하고 일정한 나이가 되면 떡 한두 개를 들고 집에서 나갑니다. 부모는 나머지 떡으로 노후를 꾸리지요. 이때 복지국가라면 새로 독립한 아이들에게, 또 늙은 부모들에게도 떡을 하나씩 줍니다. 그렇게 아이와 부모의 온전한 자립을 돕지요.

그런데 지금 대한민국의 엄마들은 말하고 있어요.
"나는 굶을 테니 너 혼자 떡을 다 먹어라. 모두 다 널 위해서다."
문제는 떡이 다섯 개란 것이지요. 아이가 하나만 먹고 배가 부르다 하면 엄마가 "큰일 났다. 어떤 집 애는 일곱 개도 먹는데…" 걱정하며 회사까지 그만두고 집에 들어앉아서 나머지 떡을 아이의 입에 꾸역꾸역 넣습니다. 아이는 그런 엄마를 빤히 바라보며 어떤 생각을 할까요? 그 희생이 감사하다고 생각할까요, 쓸데없이 궁상을 떤다고 생각할까요? 어서 자라 떡을 벌어 와야겠다고 결심할까요, 하루 빨리 이 지겨운 집구석을 탈출해야겠다고 결심할까요?

다시 한 번 강조하겠습니다.

우리는 좋은 엄마의 역할을

시대와 상황에 따라 새롭게 정의해야 한다.

이전 세대 엄마들의 희생과 헌신에 감사한다.

그러나 우리가 이제부터 엄마로서 해야 할 일은

보다 더 발전한 것이어야 한다.

눈썹부터
그리자

엥, 눈썹?

엡, 눈썹!

만약 전업맘이라면, 아침 일찍 남편과 아이를 내보내자마자 (아이 방문 닫고!) 무조건 화장대로 달려가 눈썹을 그리는 겁니다. 절대 침대로 가지 않습니다. 절대 소파로도 가지 않습니다. 절대 주방이나 살림 챙길 곳으로 가지 않습니다. 이건 의외로 중요해요. 눈썹을 그리느냐 그리지 않느냐가 그날 하루를 결정하거든요.

눈썹을 그리지 않은 날은, 밖에서 볼일이 생겨도 온라인으로 해결하려 듭니다. 그러다 보면 카톡이 날아오고, 어느 결에 간밤의 연예뉴스를 검색하다, 마지막엔 온라인 쇼핑몰에 들어가 있게 되지요. 안 되겠다 싶어서 작심하고 책이라도 펼쳐놓으면, 몇 페이지 넘기기도 전에 싱크대에 쌓인 설거지들이 자꾸만 신경을 건드립니다.

그래서, 엄마들은 일단 집에서 나가야 합니다.

직장맘이라면 '매일'을 '주중 하루 저녁'이나 '주말 일부'로 바꿔 생각하면 좋겠습니다. 매주 목요일 저녁, 혹은 토요일 오전 4시간, 이런 식으로 정해서 반드시 눈썹을 그리고 나가는 거지요. 출근하느라 주중 내내 그랬는데 또 그려? 네, 이번엔 좀 진하고 섹시하게 그리는 거예요. '나만의 외출'을 위해서. 처음부터 서너 시간이 어려우면 한두 시간이라도 좋아요. 집 안이 쑥대밭이 되어 있든 말든, 애들이 같이 간다고 울며불며 들러붙든 말든, 애들과 덜렁 남겨질 것이 두려운 남편이 입을 댓 발 내밀고 있든 말든, 꼭 떨치고 나가는 겁니다. 식구들이 그렇게나 나 없이 잠시도 못 견딘다면, 그럴수록 더더욱, 나는 미치기 일보 직전이란 뜻이니까요. '언제나 나를 필요로 하는' 집을 벗어나서 혼자만의 시간을 제대로 확보해야만 하는 거예요. 식구들만 나를 필요로 하는 게 아니거든요. 나도 '나'를 필요로 하거든요.

어디로 나가냐고요? 오라는 데도 없다고요? 걱정할 것 없습니다. 불러주는 데가 없으면 내가 날 불러주면 되지요. 앞에서 책 읽기가 어렵다 했으니 그것부터 하러 가볼까요? '독서' 하면, 우리는 먼저 도서관을 떠올립니다. 싸게 먹히니까요. 그런데 도서관 같은 데서 책 읽으면 졸리잖아요? (학생 때도 그랬는데 지금은 오죽하겠어요?) 그러니 스타벅스 같은 카페에 가는 겁니다. 가서 프라푸치노 한 잔 딱 시켜놓고 읽는 거죠. 메뉴판을 올려다보며 한숨 쉬다 제일 싼 거 시키는 짓, 이런 거 하지 마세요!

나를 홀대하는 것도 습관입니다.

그 습관부터 깨뜨려야 해요. 더 비싸 봐야 천 원. 내가 지금 꼭 먹고 싶은 음료를 시키세요. 음료가 아까워서라도 더 오래 책에 집중할걸요? 천 원 더 들여서 삼사천 원어치 더 읽으면 본전 뽑는 겁니다.
이왕이면 옷도 멋진 걸 골라 입으세요. 향수도 뿌려요. 자신이 아름답고 향기로우면 기분 좋잖아요? 나에게 기분 좋은 긴장감을 주고 폼 나게 책을 읽는 거예요. 집에서 읽어도 되는데 굳이 카페까지 가서 읽는 건 낭비 아니냐고요? 그럼 수험생은 왜 집 놔두고 독서실에 갈까요? 그분들, 독서실 끊어놓고 정말 공부를 열심히 하긴 하던가요? 우리는 열심히 합니다. 우린 반드시 본전 뽑아요. 애들이 곧 어린이집에서 돌아오거든요. 언제나 '나'만의 시간이 모자라거든요. 우리에겐 보다 효율적인 공간을 선택하고 그 안에서 효율적으로 집중할 권리가 있어요.

전업맘은 아마 이렇게 계산할 거예요. '돈도 못 버는데 어떻게 매일 오천 원씩 하는 음료를 시켜놓고 책을 읽어?' No! 그런 식의 사고는 엄마의 성장에 중대한 걸림돌입니다. 개도 미용을 하러 나다니는 세상에 엄마가 책 읽으러 카페에 못 나갈까요? 그 돈 어디서 나냐고요? 정 부족하다면, 아이 학원 하나 줄이면 됩니다. 엄마 계발이 아이 계발보다 중요하니까요. 말라비틀어진 나무에서 튼실한 열매가 달리는 걸 본 적 있나요? 자꾸 열매한테만 투자하니까 대한민국 나무들이 중년에 공허하고 노년에 빈곤한 겁니다. 우리는, 우리를 '먼저' 기름지게 해야 해요.

직장맘은 아마 이렇게 생각할 거예요. '가뜩이나 애들이랑 같이 있는 시간이 적은데 미안해서 어떻게 나가?' 그럴수록 나가야지요. 회사에서 퇴근해 집으로 또다시 출근하는 직장맘이야말로 자신을 위하는 시간을 따로 가져야 합니다. 그러지 않으면 번아웃되어서 웃는 낯으로 식구들을 대할 수 없어요. 남편이 "여보, 그동안 우리 가정을 위해서 너무 수고 많았어. 지금부터 일주일은 내가 도맡을게. 좀 쉬어"라고 말할 날이 올까요? 아이가 "어머니, 그동안 저를 키우시느라 고생 많으셨습니다. 제가 여기 어머님이 쓰실 시간과 돈을 가져왔으니 마음껏 쓰십시오" 하는 날이 올까요? 절대! 만에 하나 그런 때가 온다 해도, 남편이나 아이가 그만큼 철이 들려면 엄마는 백발에 허리가 휘었을 거예요. 우리는 (우리의 친정엄마들처럼) 마냥 선처를 바라며 기다리지 않을 겁니다. 수동태가 아닌 능동태를 택할 거예요.

시간이라는 건 '사용법'°에 따라 생기기도 하고 없어지기도 하는 것입니다. 타인을 위해서만 시간을 내는 '시간 사용자'에겐 죽을 때까지 자신을 위한 시간이 생기지 않아요. 아이가 좀 큰다 해도 또 다른 아이의 일로 시간을 뺏기죠. 회사일도 마찬가지. 승진을 한다 해도 또 다른 프로젝트로 더 바빠질 뿐입니다. 엄마라는 시간 사용자는 시간의 틈바구니를 비집고 들어갈 줄 알아야 해요. 틈과 틈 사이를 힘껏 벌리고 자신을 위한 시간을 만들어내는 습관을 들여야 하지요. 우리는 '시간 거지'가 아니니까요. 누가 시간을 적선해줄 때를 기다리지 않고 그냥 우리가, 우리를 위한 시간을 가지는 겁니다.

○　　　　　　　아이의 성장 단계에 따라 '시간 사용법'은 변화할 수밖에 없습니다. 어린이집에 보내기 전 영유아기 아이를 둔 엄마라면, 전업맘이라도 하루 한 시간도 자신을 위한 시간을 내기가 힘들 거예요. 직장맘도 한 주에 단 몇 시간을 비우기가 어려울 거고요. 유연하게 하면 됩니다. 36개월까지는 절대적으로 아이를 우선시해야 하는 시기인 만큼, 정기적이 못 되더라도 그저 가끔씩 엄마가 '자신을 돌보는' 맥을 놓지 않는 것으로 충분합니다. 남편, 양가 부모님, 형제자매, 전문 베이비시터 찬스를 적절히 활용해서요. 이때는 특정한 '활동'보다 '휴식'에 치중하며 콧바람을 쐬는 게 좋습니다. 수면카페나 숙박업소에 가서 낮잠을 실컷 자거나, 근교로 드라이브를 가거나, 친구들을 만나 아기 때문에 못 먹던 매운 떡볶이를 먹고 들어오는 식으로요. '내' 식으로 쉬면서, 내가 이 강도 높은 3년의 노동 앞에서 무너지지 않게, 튼튼한 정신적 신체적 체력을 벌충하는 거지요.

'활동'을 찾자,
'나'만의 속도로

매일 눈썹을 그리고 나가서 뭘 하느냐고요? 만약 나에게 인생에서 가장 소중하게 여기는 'THE 가치'가 이미 있다면 그것과 연계된 활동을 자유롭게 펼치면 됩니다. 예를 들어, '지식'이 나의 가치라면 강의를 찾아가 듣거나, 독서 모임을 갖거나, 필사노트를 만드는 등 다양한 시도를 해볼 수 있을 거예요. '건강'이 나의 가치라면 요가나 수영을 시작해도 좋겠지요.

아직 'THE 가치'를 찾아 헤매는 중이라면, 그것 역시 나쁘지 않아요. 모든 탐험의 가능성이 열려 있다는 뜻이니까요. 마치 세계 일주를 떠나듯, 세상의 수많은 가치들을 탐험하는 과정을 하나씩 즐기면 돼요. 선택에 앞서 탐험하는 일, 지극히 옳은 순서랍니다.

저도 마찬가지였어요. 계룡산에서 책도 읽다가, 영화도 보다가, 서울로 돌아와 육아도 하다가, 여행을 떠난 뒤에야 가장 적극적으로 할 수 있는 내 '인생활동'을 찾아냈다는 걸 알았어요. (이것만 해도 7년 걸렸지요.) 인생활동이 정해지자 지속할 힘도 생기더군요. 지속하고 나자 '나눔'이라는 '인생가치'가 따라왔고요. (다시 4년 걸렸어요. 그때가 대학을 졸업했다고 느낀 때였지요.)

모든 활동은 자동차와 같습니다. 경차든 리무진이든 스포츠카든 내게 딱 맞는 것을 골라 타고 운전하는 거예요. 여기에 지속이라는 연료가 더해지면 반드시 'THE 가치'라는 종착지에 도달하게 되어 있어요.

"가치는커녕, 당장 무슨 활동을 할지도 떠오르지 않는걸요? 눈썹을 그리고 나오긴 했는데… 이제 어디로 가야 하나요?"
오늘 뭘 해야 할지 모르겠다면, 나를 일단 칭찬해주세요. 뭘 해야 할지도 모르는데 뭔가 해보겠다고 밖으로 나온 나를. 장한 의지입니다. 희망적인 시작이지요.

당장 뭘 할지 모를 때 할 일은 자신에게 집중할 수 있는 곳으로 가서 말을 걸어주는 겁니다. 계룡산에서 제가 했던 것처럼. 매번 계룡산까지 갈 수 없으니 일단 집에서 나가 카페든, 공원이든, 타인이 개입할 수 없는 곳으로 자신을 데리고 가는 겁니다. 나만을 위한 공간에서 나만을 위한 다정한 시간을 갖는 겁니다.

"넌 뭘 하고 싶니?"

대답은 다양할 겁니다.

"없어! 그딴 질문 좀 하지 마."

너무 지쳐 있거나 혼란에 빠져 있으면 사춘기 아이처럼 이렇게 쏘아붙일 수 있어요. 그래도 괜찮습니다. 사춘기를 교실에서 재소자처럼 보내야 했던 대한민국의 모든 성인들에겐 뒤늦게라도 사춘기를 제대로 겪을 권리가 있으니까요. 그럴 땐 그냥 좀 놔두세요. 그저 신선한 바람을 쐬게 해주고, 기분 좋은 음악을 들려주고, 좋은 음식을 먹게 하세요. 내가 나 자신을 위하고 있다는 걸 알게 해주면 됩니다. 다음 날 또 같은 방식으로 날 위해주면 돼요. 내 마음이 열릴 때까지.

"잘 모르겠어."

이렇게 말할 수도 있어요. 그럼 독촉하지 말고 안심시켜주세요.

"모를 수 있고말고. 천천히 생각해보자."

이렇게 말할 수도 있을 거예요.

"이제 애까지 딸렸는데 언제 그런 한가한 탐색을 해?"

언제 하긴요? 지금 하면 됩니다. 언제나 답은, 지금이에요. '지금'은 결코 늦는 법이 없어요.

대답이 자꾸 바뀔 수도 있을 거예요.

"요리를 배워야겠어!"

그랬다가 한 달 뒤에는,

"피아노를 치고 싶어!"

이럴 수 있어요. 괜찮아요. 입 꽉 다물고 있는 것보다 훨씬 나은 거예요. 내가 말하는 대로 선선히 들어주면 됩니다. 요리가 피아노가 되고 피아노가 테니스가 되는 과정, 모두 내가 자신을 탐색하는 과정이에요. 스스로에게 허락하는 탐험의 기회들이지요. 누구라도 한 번쯤 내 인생에도 아낌없이 주는 나무가 있으면 좋겠다고 꿈꾸잖아요? 내가 나에게 그런 존재가 되어주는 겁니다. 인생의 '가치'를 찾겠다는데, 그거 제대로 찾으면 사는 게 얼마나 정돈되는데, 알아서 찾아 나서준다니 얼마나 고맙습니까? 일 년이든, 십 년이든 기회를 주지 못할 이유가 없지요. 피아노든 테니스든 그저 즐기면 됩니다. 피아노에서 감성이 자라고, 테니스에서 근육이 자랄 겁니다. 감성과 근육이 나중에 어떤 역할을 해낼지 우리는 미리 알 수 없어요. 그러므로 일단 '과정을 즐기기.' 성과만 중시하는 대한민국에서 우리가 성장과정 동안 한 번도 못 누려본 게 바로 이거죠? 편안히 과정을 즐기세요. 감성도 생기고 근육도 생기고 나면, 그다음 차례에 오는 것은 감성과 근육을 모두 사용할 수 있으니 분명 멋진 것이 되지 않겠어요?

앞에서 소통의 기본 중 기본이 말을 들어주는 것이라고 했습니다. 자신의 말을 들어주기. 자기와 소통이 안 되는 사람은 자식이든 남편이든, 타인과도 소통할 수 없게 되어 있어요. 교차로를 뻥 뚫어놔야 차가 지나가지, 꽉 막힌 교차로에 무슨 차가 지나가겠어요? 자기와 '통'해야 타인과도 '통'합니다. 자기를 사랑하지 않는 사람은 타인도 사랑할 수가 없어요. 만약 우리가 자신을 사랑하지 않으면서, 자식들을 사랑한다며 '이렇게 살아라. 저렇게 살아라' 교통정리를 한다면 자식들은 꽉 막힌 교차로에 갇힌 채 굉장히 숨 막힐 겁니다. 우리는 반드시 자신을 먼저 사랑해야 합니다. 나를 통해 소통의 기본을 익히고 나서, 아이와, 세상과 소통해야 하지요.

같은 맥락에서 '나의 활동'은 진정으로 나 자신을 위한 방식으로 해야 합니다. 책을 읽을 때도 육아책을 선택하지 않는 겁니다. 스릴러든 로맨스든 내 취향이 담긴 책을 읽는 거지요. 산을 가더라도 평소에 아이와는 갈 수 없었던 난코스를 가보고요. 사람을 만나기로 했다면 학부모들, 남편, 부모, 시부모, 회사 사람 말고 '나'에 대한 이야기를 할 수 있는 사람을 만나는 거예요. 나의 욕망, 나의 관심, 나의 견해를 나눌 수 있는 사람을. 그렇게 딸린 식구라곤 없는 사람처럼, 그냥 잠시 나를 사는 겁니다. 역할을 떠나, 존재를 느끼는 거지요. 그런 순간이 바로 내가 나에게 말을 걸고, 내 말을 들어주는 순간입니다.

이 순간을 소중히 받들기 위해, 활동을 하는 동안에는 직장 상사나 양가 어른들의 전화가 와도 받지 마세요. '전화를 받을 수 없습니다' 버튼을 누르고 그 시간을 철벽 사수하는 겁니다. 찔릴 것 없어요. 나중에 전화 드리면 되지요. 만약 남편에게 아이를 맡기고 나왔다면 이 시간 동안만큼은 응급상황 아니면 전화를 걸지 말라고 미리미리 당부하세요. °

그 시간은 '나'만 챙기는 겁니다. 다른 걸 챙기지 않는 거예요. 그렇게까지 해야 돼? 네, 그렇게까지 해야 돼요! 그래야 이 시간이 정기적으로 지켜집니다. '엄마'라는 자리는 모두가 심심풀이 땅콩보다 더 자주 찾는 자리예요. 약간의 틈만 벌어져도 엄마를 필요로 하는 손들이 봇물처럼 뚫고 들어와 이 시간을 무너뜨릴 겁니다. 이 시간은 내가 더 건강한 존재로 거듭나는 시간. 내가 더 건강해져야 내 가정도 더 건강하게 거듭나겠지요? 모두에게 이로운 공익적 시간임을 명심하고 단호하게 사수합시다.

°   대신, 집에 돌아갔을 때 남편이 애 밥을 제때 못 먹였거나 애 머리에 혹이 생겼다 해도 모른 척해주세요. 사실 육아에 서툰 아빠일수록 엄마 없이 아이를 온전히 돌보는 시간이 꼭 필요합니다. 아빠에겐 육아에 전적인 책임감을 갖는 경험이 되고, 아이에겐 아빠와 친밀해질 기회가 되거든요.

이렇게 꾸준히만 해낸다면 우리는 점점 진정으로 원하는 활동에, 궁극적으로는 'THE 가치'에 가까이 가게 됩니다. 내 속도로, 성과를 보채지 않으며, 한 십 년 잡자고요. 그래봐야 아이는 겨우 열 살입니다.

"어머, 우리 애는 지금 열 살인데요?"

뭐가 걱정이에요? 그럼 스무 살에 끝나겠네요. 스무 살 아이가 친구들에게 아마 이렇게 자랑할걸요?

"우리 엄만 가치관이 확실하신 분이야. 매일 ○○ 활동도 부지런히 하시고."

나이 환갑 때 가치를 찾는다 해도 괜찮습니다. 그땐 며느리나 사위가 '배울 게 많은 분'이라고 칭송하겠지요. 언제가 되었든, 'THE 가치'를 찾기만 한다면, 그런 게 지구상에 있는 줄도 모르고 죽는 부모를 두는 것보단 자식에겐 이득입니다.

매월 '활동비'를 정하고
남김없이 쓰자

'나를 위한 활동비' 통장을 만듭시다. 전업맘이든 직장맘이든 상관없이 만드는 거예요. 활동비는 각자의 형편껏 정하면 됩니다. 하지만 반드시 잔액은 자동이체 시켜야 해요.

예를 들어, 주당 5만 원 잡고 월 20만 원을 활동비로 정해보기로 해요. 월초에 20만 원을 '활동비' 통장에 자동입금하고 월말에 돈이 남으면 무조건 (시집과 사이가 안 좋다면 반드시 시집으로) 자동이체 시켜두세요. 그럼 어떻게 하겠어요? 무슨 짓을 하든 그 돈을 악착같이 쓰겠지요? 열심히 눈썹을 그리고 나가겠지요? 최악의 경우, 활동을 안 한다 해도, 적어도 시집과의 관계는 개선될 겁니다.

그럼 이제부터 활동비를 어떻게 써야 하는지에 대해서 알아볼게요. 전업맘이 등산을 선택했다고 가정해봅시다.

매일 아침 아이 방문을 닫으며 "내 인생은 나의 것, 애 인생은 애의 것" 소리 내어 말하고, 눈썹을 그린 뒤, 등산복을 챙겨 입고 나가는 겁니다. 어차피 일주일 내내 가긴 힘들 거예요. 집안 대소사에, 방학에, 주중 평균 4일 가면 많이 가는 겁니다. 그러니 20만 원이면 대충 한 달치 점심값과 차비로 충분할 거라 생각해요. 그렇게 매일 신선한 공기를 들이마신 뒤, 한 끼는 남이 차려주는 식사를 하고 집으로 돌아오는 거지요.

조금은 대접받는 기분이 들 거예요. 놀다 온 아이처럼 마음도 가벼울 거고요. 근육은 단단해졌고 군살은 빠졌을 겁니다. 내게 주어진 시간을 꽉 차게 활용했단 생각이 들고, 내가 썩 생산적인 사람이란 생각도 들 거예요. 그때 "엄마!" 하고 집으로 돌아오는 아이는 탈 없이 잘 커주는 반갑고 사랑스러운 존재일 겁니다.

하지만 낮에 집 안에서 꼭 필요하지도 않은 뉴스나 물건 검색만 했거나, 집앞 카페에서 학부모들 만나 교육 정보만 주고받았을 때는, 아이가 돌아올 즈음 내 몸도 마음도 무거울 겁니다. 딱히 한 것도 없이 하루가 가버린 것 같고, 엄마로서나 주부로서나 자신이 참 비생산적인 존재인 것 같을 거예요. 애를 잡긴 잡아야 한다는데 어디서부터 어떻게 잡아야 할지 깜깜하고, 어차피 내 애는 모범생과는 거리가 먼 뺀질이라서 잡는다고 잡힐 것 같지도 않아요. 그때 "엄마!" 하고 들어오는 아이는 마치 지금부터 도마 위에 올려놓고 썰어야 하는 1톤짜리 황소 심줄 같을 거예요. 아이가 신발을 벗자마자 한석봉처럼 무릎을 꿇고 "어머니, 저는 오늘부터 열심히 공부하기로 결심했습니다!" 선언한 뒤 곧장 책상으로 가 눈에 횃불을 켜기 전에는, 아이가 뭘 하든 내 마음에 들기는 참 어려울 겁니다.

아이는 여느 때와 마찬가지로 하루를 보내고 집으로 돌아왔을 뿐입니다. 하지만 엄마의 마음 상태에 따라 "다녀왔습니다!" 인사하는 그 아이가 엄마에게 완전히 다르게 다가오는 거지요. 아이 인생보다 먼저, 우리가 우리 인생부터 챙겨야 하는 이유입니다.

애 학원비 20만 원은 안 아까운데,
내 활동비 20만 원은 아깝다고요?

이거 완전 적신호입니다. 내가 나 자신을 잘 돌보고 있지 않다는. 다시 한 번 더 본격적으로 돈 계산을 해봅시다. 자꾸 빠져나가는 돈에만 주목하는 분들을 위해, 그럼 이 돈을 아꼈을 때 실제로 어떤 뭉칫돈이 줄줄 새는지 알아보기로 하지요.

20만 원이 아까운 나는 집 밖에 잘 안 나갈 거예요. 그때 나를 가장 먼저 낚아채는 건 스마트폰일 겁니다. 새 아침이 밝았고 새 날의 뉴스를 클릭하다 결국 인스타로 남들 사는 것까지 들여다보게 되는 거지요. 원래 자기 삶에 집중하지 못하는 사람은 남의 삶을 힐끔거리게 되어 있거든요.

여기까진 그래도 양반이에요. 인터넷 방랑자가 머무는 최후의,

최악의 종착지는 단연 쇼핑. 클릭 몇 번이면 현관까지 반짝반짝
하는 새 물건을 가져다주는 이 놀라운 현대의 마법을 자꾸 부리
고 싶지 않은 사람이 어디 있겠어요? 하지만 내가 어떤 쇼핑을
하든, 그 금액이 스타벅스의 프라푸치노 한 잔 값보다 적을 확률
은 희박합니다. 나는 한 시간 전만 해도 전혀 살 생각조차 없었
던 물건을, 열 개가 넘는 창을 열어놓은 채 눈 빠지게 비교하고
있을 거예요. '시간 사용자'로서 완벽히 실패한 오전을 보내는
거지요.

그러다 문득 시계를 보면 벌써 아이가 올 때입니다. "망했다!"
이게 내 첫 번째 생각일 거예요. "한심해. 어쩜 이렇게 한 일이
없지?" 이게 내 두 번째 생각일 거고요. 자신을 자괴감 속에 떠
밀어 넣는 건 의외로 쉬워요.

우리는 매일, 자신에게 어떤 감정 상태를 선사할지
스스로 선택할 수 있습니다.

나는 무거운 엉덩이를 일으키고 허겁지겁 설거지를 마친 뒤 음
식물 쓰레기를 버리러 나섰어요. 그런데 하필 엘리베이터 앞에
서 옆집 여자랑 딱 마주쳤네요. 난 눈썹도 안 그렸는데, 그녀는
화사한 외출복 차림에 새 백까지 매고 있어요. 이런, 샤넬이에요.
남편이 출장 갔다가 사왔대요. 프라푸치노 한 잔 값을 아끼려 집

에 있었지만, 결국 오전 내내 인터넷 방랑자가 되어 장바구니에 물건을 가득 담은 채 가격 비교를 하며 돌아다녔던 나. 나는 지금 물건에 굉장히 취약한 상태가 되어 있어요. 그런 내게 그 고급진 백은 굉장히 유혹적일 거예요. 큰일 났어요. 밤에 침대에 누워서도 샤넬백이 눈에 어른거리게 생겼네요. 적어도 오늘 밤, 출장 가서 그런 것도 못 사오는 내 남편은 머저리 같을 것이고, 고급진 백 하나 손에 못 넣는 내 인생은 참 허름하게 느껴질 거예요. 이제 내게 샤넬백은 꼭 필요해졌어요. 내 남편이 머저리가 아니고 내 인생이 허름하지 않다는 것을 증명하기 위해 샤넬백이 반드시 필요해요. 자, 그럼 내가 오늘 아긴 프라푸치노 한 잔 값, 그걸 대체 몇 잔 모으면 그 백을 살 수 있을까요?

이번엔 눈썹을 그린 경우를 생각해봅시다. 나는 카페에 나갔어요. 가서 달리 할 일이 없으니 책을 들고 나가 읽었어요. 며칠을 그렇게 보내니 한 권이 다 끝나더군요. 그 책을 읽기 전의 '나'와 읽은 후의 '나'가 어떻게 달라졌는지 확인할 길은 없어요. 그건 샤넬백처럼 눈에 보이는 게 아니거든요. 하지만 난 뭔가 내 안에 전에 없던 것이 생겨난 걸 느낄 수 있어요. 만져볼 순 없지만 배가 부를 때와 비슷한 포만감을 줘요. 나는 슬슬 다음 책을 고르러 도서관에 들러요.

집 → 카페 → 도서관.

행위가 생기면 동선도 생기기 마련입니다.

그동안 누가 날 불러주지 (수동태) 않았던 게 아니라, 내 스스로 갈 데를 만들지 (능동태) 않았던 거지요. 동선이 생기면 누가 자신을 불러주길 기다릴 필요가 없어요. 버스가 노선도를 따라 달리듯, 매일 자기 동선을 디디며 길을 다지면 돼요. 세상 모든 길의 원리는 같습니다. 디딜수록 또렷해지고 넓어진다는 것. '꾸준히' 다져야 해요. 그것을 하루 일과의 첫 번째 우선순위로 삼아야 해요. 첫 번째 우선순위라는 게 무슨 뜻일까요? 다른 할 일이 생겨서 못할 것 같으면, 다른 할 일 중에 하나를 안 하더라도 이걸 꼭 한다는 뜻입니다.

도서관에서 한 권 두 권 고르다 보니 대출 한도만큼 책을 골랐어요. 애들 책이 아니에요. 내 책이에요. 카페에서 음료수 한 잔을 (아이에게 안 주고) 나 혼자 다 마신 것도 기분이 좋았는데, 아이 책을 안 빌리고 내 책만 한가득 품에 안고 집으로 향하니 기분이 째져요. 정말로 내 인생을 위해주는 기분이랄까요? 책 안에 든 지식들이 이미 모두 내 것인 것만 같아요.

집 → 카페 → 도서관 → 집.

엘리베이터 앞에서 옆집 여자와 마주쳤어요. 샤넬백을 매고 있네요? 이때 샤넬백은 그다지 나를 유혹할 힘이 없어요. 왜냐하면 나는 지금 물건에 취약한 상태가 아니거든요. 나는 종일 물건으로는 절대 다다를 수 없는 세계를 탐험하다 왔거든요. 그 세계에서 샤넬백은 서열이 매우 낮거든요. 그 세계는 오늘도 한 권의 책을 보태며 '견해'가 성장하는 세계거든요. (할머니와 친정엄마 세대에서는 다이아 반지보다 지니기 어려웠던 그 '견해!') 실제로 내 견해가 꿈틀꿈틀 작동하기 시작해요. '대체 저 샤넬백 하나면 책을 몇 권이나 살 수 있을까?', '대체 저 백 하나면 몇 명의 아프리카 아이들이 학교에 갈 수 있을까?' 가치를 견줄 줄 알게 된 내게, 명품백은 그저 터무니없이 부풀려진 가치를 브랜드의 이름으로 뒤집어쓰고 나온 가죽 덩어리에 불과해요.

만약 내가 내 가치관을 확고히 하기 전이라면, 그래서 남들이 좋다는 학원 여기저기에 아이를 넣어놓고 왜 돈값을 못 하냐며 아이를 다그친다면, 그래서 스트레스를 받은 아이가 마음의 병을 갖게 된다면, 그때에 치료를 하는 데에는 돈이 얼마나 들까요? 또 내 입장에서는, 프라푸치노 한 잔 값까지 모조리 바쳐 아이를 이 학원 저 학원 보냈고, 아이 끝날 때까지 차에서 기사처럼 대기했고, 온종일 비서처럼 아이 스케줄 짜고 짜증 받고 간식 챙기고 입시정보만 뒤적거렸는데, 막상 아이가 고학년이 되어도 성적은 안 오르고, 성적은커녕 "날 좀 내버려둬!"라며 사춘기의 반항을 시작하고, 남편은 그동안 쓴 사교육비는 다 무슨 소용이 있었던 거냐고 성질내고, 그래서 결국 내 삶에 총체적인 회의가 들어 우울증 치료를 받기 시작한다고 생각해봅시다. 이 가정의 망가진 관계가 회복되기 위해선 돈이 얼마나 들까요? 돈으로 회복이 되기나 할까요?

지금 하루 만 원으로 꾸준히 책을 읽거나 등산을 하며 자신을 돌보는 나, 그렇게 잘 돌봐진 가정. 나는 고작 월 20만 원으로 아주 큰돈을 벌고 있는 겁니다. 돈 계산은 '나가는 돈의 크기'를 재는 게 아니라, '돌아오는 가치의 크기'를 재는 거랍니다.

장애물은
그냥 밟고 가자

전업맘이 자신을 위해 정기적으로 돈을 쓰고 시간을 쓰기 시작하면 장애물이 생길 확률이 높습니다. 그중에서도 아내의 성장을 응원할 줄 모르는 '산업역군'형 남편이 가장 먼저 공격을 개시하겠지요. 며느리의 성장이 마뜩잖은 시부모라면 살림 안 돌보고 어딜 싸돌아다니느냐고 비난할 겁니다. 친정부모 중에도 딸이 헛바람 들기보다 집에서 애들만 반질반질 닦기 바라는 분들이 계시지요.

직장맘이어도 공격은 들어올 거예요. "애들 하고 시간 좀 보내지." "밀린 집안일 좀 해." "또 어딜 나가? 바람났냐?" 이런 말 듣기 십상입니다. 이 사회는 희생이라는 이름으로 엄마의 단물을 빨 뿐, 성장을 지원하진 않으니까요.

이중 가장 큰 장애물은 산업역군형 남편입니다. 가장 가까이에서, 가장 자주, 아내가 돈을 낭비한다고 생각할 테니까요. 남편이 제지한다고 해서 하던 걸 멈추면 안 됩니다. 지금은 남의 말을 그만 듣고 '나'의 말을 들어줄 시간. 더는 순종적이지 않아도 됩니다. 허락이 떨어진 뒤에야 시작하는 버릇, 오늘부로 버려요.

그럼 장애물을 어떻게 하느냐? 그냥 자근자근 밟고 넘어갑니다. 이 부분이 중요해요. 붙잡고 싸우는 게 아니에요. 밟고 넘어가는 겁니다. 상황을 쑥대밭으로 만드는 게 아니라 내게 이롭게 만드는 것!

사진을 배우고 싶었던 아내를 다시 예로 들어볼까요? 처음에 남편이 반대했어요. 이후 둘은 이 문제로 자주 다퉈요. 대화로 상대방을 설득해보려 하지만 잘 되지 않아요. 아내는 섭섭함이 쌓이고 남편은 갑갑함이 쌓여요. 남편이 "차 바꿔야겠다" 하면 아내는 "차 바꿀 돈은 있나 보지?" 응수하고, 아내가 "오늘은 밥하기 싫다" 하면 남편은 "뭐야? 아직도 사진 때문에 삐진 거야?" 따집니다. 결국 사진으로 시작된 싸움이 사진 이외의 모든 것과 연동해요. 사진은 사진대로 못 배우고, 사이는 사이대로 나빠져요. 아내는 비장하게 눈썹을 그리고 집을 나서려 했다가도, '이렇게 불행한 결혼생활에 자기 계발이 다 무슨 소용이야?' 한탄하며 이불을 뒤집어쓰고 드러누워요. 우울증의 시작이지요.

그녀는 어떻게 해야 했을까요? 설득이 안 먹히는 바로 그 단계에서 더 이상 허락을 기다리지 말고 질러야 했습니다. 스스로 허락하는 거지요.

일단 매달 20만 원씩 사진 배우는 데 갖다 쓰는 겁니다. 남편이 불평할 거예요.

"집에만 있는데 20만 원이나 뭐에 쓰는 거냐?"

"교육받는 데 쓰고 있어."

무슨 교육이냐 물어보면,

"재취업 교육프로그램(구청 사이트에 있는 유망한 취업 프로그램 중 하나 골라잡습니다)인데, 다녀보고 효과가 있으면 그때 자세히 말할게. 1년짜리 프로그램이야."

네, 최소 1년 잡으세요. 최대한 길게 잡으세요. 시간을 버는 겁니다. 시간을 많이 벌어둘수록 활동이 자리 잡을 확률도 높아지니까요. 누군가 이렇게 물을지도 모르겠어요.

"그런데 이건 거짓말 아닌가요?"

그럼 저는 이렇게 답하겠어요.

"하얀 거짓말(White lie. 선의의 거짓말)이라고 해두죠. 그게 괜히 세상에 나온 게 아니랍니다. 불필요한 충돌로부터 세상을 구원하기 위해 만들어졌지요."

아마 남편이 1년 뒤 다시 물을 거예요.

"너 그 재취업 교육 어떻게 됐어? 매달 돈 갖다 썼잖아."

그때는 인상 팍 쓰고 말하세요.

"잘 안 됐어."

남편이 말을 더 못 붙이도록, 인상을 세게 써요. 아예 못도 박아요.

"진짜 열심히 했는데도 잘 안 됐어. 나 지금 굉장히 속상하니까 비난은 사양할게."

이후에도 계속 매월 20만 원씩 갖다 쓰며 사진을 배웁니다. 남편이 왜 돈이 계속 나가냐 따지면?

"다른 교육받기 시작했어. 이번 건 취업률이 높대. 이번엔 죽도록 열심히 해볼 거야."

효과도 없었는데 하지 말라고 남편이 줄줄이 읊어대면? 줄줄이 공감해줍니다.

"그치? 그런 것 같지? 그러게 말이야. 나도 진짜 속상하네."

공감해주되, 남편의 말은 반드시 한 귀로 듣고 한 귀로 흘려버립니다. 그리고 보편타당한 사실들로 대화를 마무리 지으세요.

"하지만 어쩌겠어? 백 세 시대에 차근차근 노후대비 해야지. 집 대출도 그렇고 아이들 학비도 그렇고 외벌이로는 감당하기 어려워. 다들 조금이라도 젊을 때 대비해두는 게 좋다고들 하더라고."

그렇게 황소처럼 꿈쩍 않고 시간을 벌어요. 자기 계발이 '효과'를 낼 때까지. 효과가 나타나면 그 '결과물'을 가지고 당당히 이야기할 수 있을 테니까요.

1년 반쯤 지난 어느 날, 치맥을 시켜놓고 좋은 분위기에서 남편에게 진지하게 말을 꺼냅니다. 말로 하기 힘들면 손편지를 준비해도 좋겠지요.

자기야,

나 그동안 사실은 사진을 배웠어.

거짓말해서 미안해.

당신은 돈 안 된다고 반대했지만,

나한텐 돈보다 간절한 꿈이었기에 어쩔 수 없는 선택이었어.

오직 결과물로만 당신을 설득할 수 있다고 생각했거든.

다음주에 사진반 졸업 전시회가 있어.

당신이 와서 내가 그간 어떤 노력을 했고

얼마만큼 발전했는지 확인하고 축하해주면 좋겠어.

어쨌든 당신이 내 학비를 대준 거잖아.

늘 고마운 마음으로 열심히 공부했어.°

당신 말처럼 당장 돈이 되진 않는 과정이었어.

하지만 나는 돈으로 환산되지 않는 많은 것들을 얻었어.

소중한 순간을 포착하는 능력도 생겼고,

°   애들 예쁘게 찍은 사진, 남편 배 안 나오게 찍은 사진 앨범으로 만들어서 편지와 함께 건넵니다.

세상을 보는 새로운 앵글도 생겼어.

덕분에 어떻게 살아가야 할지,

육아에도, 우리 부부관계에도 많은 도움을 받았어.

우리 가정을 행복하게 하는 데 꼭 필요한 지혜를 얻었으니

참 괜찮은 투자였던 것 같아.

이쯤에서 산업역군형 남편이 아내를 이해해주고 협력자 모드로 전환된다면 가장 좋을 겁니다. 하지만 이해 못 한다 해도 어쩔 수 없어요. 그분도 알고 보면 딱한 게, 변변한 롤모델도 없이 남편이 되었으니까요. 아내의 성장을 지원하는 것이 가정 전체의 성장을 지원하는 것과 같다고 알려준 아버지가 없었지요. 자신의 어머니가 자기 계발을 해서 자식으로서 이득을 본 경험도 없었을 테고요. 몰라서 그러는 것이니 너무 속상해할 필요는 없습니다. 몰라서 그러는 사람 붙잡고 힘 빼지 않는 것, 그 힘 아껴두었다가 좋은 사진 찍는 데 쓰는 것, 언젠가 남편이 그 사진들을 보며 아내의 자기 계발 필요성을 뒤늦게라도 깨닫는 것, 그것이 포인트입니다.

외로운 그녀에게 이 말이 위로가 되어준다면 좋겠네요.

모든 관계에는 '절반의 기적'이라는 게 있어요.

부부 모두 적합한 롤모델 없이 결혼했다 해도, 둘 중 한 쪽만 새로운 롤모델을 만들어내는 노력을 멈추지 않으면, 그 가정은 절반이라도 (무려 절반!) 업그레이드되는 거예요. 자녀들은 새로운 롤모델을 가질 기회를 절반이라도 (무려 절반!) 얻는 거고요. 100 중 50이 변화하면, 반드시 나머지 50도 그 영향을 받아 변화하게 되어 있어요. 종이에 물감이 번지듯 점진적으로. 그러나 확실하게.

언젠간 산업역군이 "내가 마누라 덕에 사진은 좀 알지"라며 지인들 앞에서 뻐길지도 몰라요. "나도 뭔가 배워보고 싶다"며 새로운 영역에 관심을 가져볼 수도 있고요. 그때가 오면 온 마음으로 기뻐해주고 축하해주면 됩니다. 자기 계발 선배로서 조언과 지원도 아낌없이 해줄 수 있겠지요.

남편이 졸업 전시회에 오면 좋겠지만 안 온대도 서러워할 필요는 없습니다. 남편이 억지로 와서 엉뚱한 말 해대는 것보다 동료들과 전시회를 자축하는 게 더 깔끔할 수 있어요. 물론, 사랑스러운 아이들은 꼭 전시회에 데려가야지요. 엄마가 사진을 찍어서 전시회까지 여는 열정적인 '활동가'란 것을 알게 해야 합니다. 그런 삶의 태도 외에 부모가 아이에게 물려줄 수 있는 더 큰 재산이 따로 있을까요? 기왕지사 한 재산 물려주는 날인데, 꽃다발도 큰 거 하나 사서 아이가 엄마에게 안겨주도록 시키세요.

졸업 전시회나 포트폴리오 제작 같은 결과물이 쌓이면 쌓일수록, 자신의 세계를 고수하는 건 이전보다 쉬워질 겁니다. 눈에 보이는 게 자꾸 생기니까 동기부여가 더 잘 되는 거지요.

'지속한다 → 결과물이 생긴다 → 지속하기 더 쉬워진다'

선순환입니다.
누군가 SNS에서 사진을 보고 자녀 돌사진을 찍어달라고 부탁할 수도 있어요. 내가 먼저, 내 사진들을 포트폴리오로 만들어 여러 사이트에 올려둘 수도 있겠지요. 그런 식으로 능력이 사회화되고, 경제력을 갖출 수 있게 되는 겁니다.

세 돌 된 아들과 단둘이 터키로 떠나기로 결심했을 때, 저도 양가 어른들께 하얀 거짓말 세 개를 지어냈어요. 첫째, 선진국으로 간다. 둘째, 다른 엄마와 애들도 같이 간다. 셋째, 가서 애들 영어 공부시킨다. 사실대로 말씀드렸다면 가지 말라고 하셨을 거예요. 그럼 싸우거나 포기해야 했겠지요? 싸우고 싶지 않았어요. 부모님들은 저의 적이 아니었으니까요. 적은 제 안의 두려움이었지요. 이 꼬마와 장기 배낭여행을 할 수 있을까? 가서 아프면 어떡하지? 소매치기를 만나면 어떡하지? 어떡하지? 어떡하지? 어떡하지?

부모님들은 제가 붙잡고 싸워봐야 소용없는 대상이었어요. 수십 년 다르게 살아온 부모님 생각과 제 생각을 어떻게 통일시킬 수 있을까요? 배낭여행의 존재조차 일평생 모르고 사셨던 분들께 그 의미를 설파한들 무슨 소용이 있었겠어요? 게다가 저 자신조차 떠나기 전에는 그 여행이 제게 선사할 의미를 알지 못했는걸요. 의견 대립 중에 제가 아이를 데리고 떠나버리면 부모님들은 한 달 동안 잠을 못 이루실 터였고, 그분들을 위해 제가 떠나기를 포기한다면 저는 앞으로 자신을 좋아하긴 힘들 것 같았으니, 싸움은 누구에게도 득 될 게 없었지요.

여행가방을 꾸리면서, 저는 독립된 가정을 이룬 자식에게 부모는 감 놔라 배 놔라 할 권리가 없다는 것을 잊지 않으려 노력했어요. (우리도 부모로서 이 사실을 꼭 명심해야 합니다.) 그리고 여행을 다녀온 뒤에야 실제로 어디에서 무엇을 하고 왔는지 이실직고했어요. 그렇게 시리아, 라오스… 반복하니 아프리카쯤에서 포기하시더군요.

'꾸준히'가 중요하다고 했지요? 내가 '꾸준히' 하면 남들이 포기합니다. 또 내가 차차 결실을 내면 남들이 뒤늦게 내 활동의 의미를 깨닫습니다. 그러니, 허락이나 동의를 먼저 받고 시작하려들지 마세요. 시작만 미뤄집니다. 내 인생의 운전대는 내가 꽉 붙잡고 달리기! 절대 다른 사람이 잡게 하지 않기!

이쯤에서 이런 질문이 나올 것 같은데요?

"결과가 나쁘면 어떡해요? 거짓말까지 하면서 시작했는데."

그럼 저는 이렇게 대답할게요.

"어떡하긴요? 책임지면 되지요. 까짓, 비난하면 비난받고 미워하면 미움받으면 돼요. 백 세 인생, 흠결 하나 없이 살 생각이었어요?"

또 이렇게도 덧붙일게요.

"당신은 회사를 차린 게 아니에요. 그냥 당신 인생을 사는 거랍니다."

우리는 남에게 성과를 내보이기 위해 존재하는 게 아니라, 스스로 행복하기 위해 존재합니다. 성과지향적인 우리 사회가 우리에게 빚쟁이처럼 덤벼들어 "뭘 했는데? 좀 내놔봐!" 다그치거든, "신경 꺼!" 외쳐주자고요. "내 인생은 내가 알아서 할게" 말해주자고요. 그게 '신경 꺼'라고 쫓아버릴 수 없는 가까운 사람이라면 (졸업 전시회에서 남편처럼) 정중하고 친절한 설명을 종종 덧붙이면서 점진적으로 상황을 바꿔나가는 공을 들이자고요.

그러고 나면, 우리에게 남은 할 일은 하나입니다.

과정을 즐기는 것.

오, 예!

세상을
변화시키는
자아 찾기

**나를
찾는법
7**

'꾸준히' 하기 위해
활동공동체를 만들자

사진, 독서, 등산 같은 활동들은 얼핏 그저 개인 활동처럼 보입니다. 하지만, 우리가 꾸준히만 한다면 그 의미는 반드시 사회적으로 확산되어 세상을 변화시키게 되어 있어요.

아니 무슨 '세상'씩이나?

네, '세상'씩이나!

'등산하는 나'를 예로 들어볼까요?

'나'는 눈썹을 그리고 활동비를 꼬박꼬박 써가며 주 4~5회씩 꾸준히 등산을 합니다. 사실 그렇게 자주 등산을 하게 되면 두어 달만 지나도 반드시 친구가 생기게 되어 있어요. 나처럼 매일 등산을 하는 친구. 하나가 둘이 되면, 그것이 바로 활동공동체의 시작이에요.

그 친구와 나는 아무래도 나무와 꽃에 대해 자주 이야기하게 될 겁니다. 산에서는 가장 많이 눈에 띄는 것들이니까요. 나무와 꽃을 얘기하는 사람들은 날씨와 대기 오염에 대해서도 이야기하게 되어 있어요. 바로 '환경' 말입니다. 환경을 얘기하는 사람들은 또 친환경적인 생활방식에 대해서도 이야기하게 되어 있지요. 예를 들면, 면생리대나 텀블러, 에코백이나 EM용액 등등. 나의 친환경적인 생활방식은 당연히 내 가족을, 나아가 지구를 이롭게 할 겁니다. 내가 자신을 위해 양질의 시간을 가지는 것이 가족으로, 지구로 확대되는 거지요. 그뿐 아닙니다. 나와 등산지기가 환경에 대한 이야기를 나누다 보면 언젠간 자연스럽게 이런 이야기도 나누게 되요.

"주민센터에서 일주일 동안 친환경 비누 만드는 수업하는데 같이 가볼래?"

그 수업에서 또 다른 친구를 만날 수도 있을 거예요. 그럼 이번에는 셋이서 작당하는 거지요.

"환경단체에서 거리행사를 한대. 우리도 한 부스 신청해서 비누 만들어 팔아볼까?"

거리행사에서는 다른 친환경 활동을 하는 부스 사람들과 만나게 될 겁니다. 점점 많은 사람들과 연대하게 되고, 점점 넓은 활동 영역으로 나아가게 되는 겁니다.

매일 산에 가는 것. 나의 이 단순한 세계가 '꾸준함'을 통해 친구를 만납니다. '친구'를 통해 '공동체'를 이룹니다. 공동체를 통해 '가치'를 빈번히 견주며 더 단단히 만들게 됩니다. 가치가 물렁

할 때는 쑥스러워 망설였을 일도 가치가 단단해지면 용감하게 도전해볼 수 있어요. 하나가 둘이 되고 둘이 셋이 되고 셋이 넷이 되는 과정, 활동공동체를 만듦으로써 '나'는 훨씬 더 과감하고 의미 있는 '우리'가 됩니다.

사실 우리가 일하는 이유는 두 가지예요. 의미를 얻든지, 돈을 벌든지. 두 가지가 같이 있으면 가장 좋고, 둘 중 하나만 있어도 계속해나갈 이유로는 충분합니다. 활동공동체는 적어도 내 활동에 의미를 부여해줄 거예요. 더 적극적인 활동을 통해 더 적극적으로 세상을 좋게 만드는 데 기여하게 되니까요. 엄마가 세상을 좋게 만드는 데 기여하면, 아이는 반드시 더 좋은 세상에서 살아가게 되어 있습니다. 식탁 전체를 보는 힘!

응용하고 적용하는 힘을 키우기 위해서 이번엔 '독서하는 나'로 이 과정을 확인해볼까요?
'나'는 꾸준히 카페에 가서 여러 권의 책을 읽었어요. 점차 궁금해질 거예요. 내가 책을 제대로 읽고 있는지, 내가 좋았던 책을 다른 사람들도 좋게 읽었는지. 그래서 나는 온라인 독서 카페에 가입해요. 혹은 도서관에서 주최하는 독서 모임에 가봐요. 그런 '접선'을 시도하다 보면 금방 알아보게 됩니다. '아, 나랑 대화가 잘 되겠구나!' 싶은 사람을. 댓글을 달든 커피를 마시든, 그 사람과는 어떤 식으로든 온오프라인에서 소통하게 되어 있어요. 그렇게 가까워진 사람들끼리 좀 더 능동적으로 목적이 뚜렷한 소규모 모임을 따로 만들어볼 수도 있겠지요. 치유의 글쓰기 모임, 동화구연 봉사 모임 등등. 다 좋아요. 이것이 활동공동체의 시작입니다.

책에 등장하는 다양한 가치를 그들과 나누는 동안, 나는 나만의 가치가 조금씩 발견되고 단련된다는 것을 느낍니다. 그럴수록 나에겐 구체적인 목표가 생기지요. 책을 써보고 싶어질 수도 있어요. 그러면 그들이 첫 독자가 되어 정직한 비평을 전해줄 겁니다. 독서지도사자격증을 따고 싶어질 수도 있어요. 그럼 내가 강의실로 가기 싫은 날에도 그들이 "빨리 나와! 30분째 기다리고 있다고!"하며 집에서 끄집어내줄 거예요. 문득 이 모든 활동이 다 소용없는 짓처럼 느껴져 "나 지금 뭐 하는 거니?"한숨을 쉬는 날에도, 그들은 이렇게 더 나아갈 힘을 줄 거예요.
"뭐 하긴? 그걸 정말 몰라서 물어? 우리랑 사귀는 거지!"

맞아요. 활동공동체라는 게 별게 아니에요. 친구를 사귀는 거지요. 서로가 서로를 우정으로 부축해서, 혼자서는 완주하기 벅찬 코스를 완주하는 겁니다. 그러다 보면 나도 다른 사람에게 그런 역할을 해주고 있는 거지요. 혼자서라면 엄두도 못 내거나 중도에 포기했을 책을 끝까지 쓰는 거고, 독서지도사자격증을 따는 겁니다. 책이 출간되든 안 되든, 자격증으로 돈을 벌든 못 벌든, 그건 그때 가서 생각하면 됩니다. 누군들 미래를 알겠어요? 모든 '가능성'을 걱정의 묘지에 파묻어놓고 마냥 우울해하는 건 정말 어리석은 일입니다.

꾸준히,
중간에 회의감이 들 때도 꾸준히,
벌여놓은 일이니 잡념 없이 꾸준히,
꾸준히 운동하면 내 몸이 좋아질 것을 믿듯이
꾸준히 활동하면 내 인생이 좋아질 것을 믿으며,
꾸준한 인간은 반드시 배우고 성장한다는 것을 믿으며,
꾸준히.

책을 쓰다가 말았어도, 자격증을 준비만 하다 그만두었어도, 중도하차한 사람은 시도조차 해보지 않은 사람과 달라요. 실패담이라도 들려줄 수 있는 사람은 실패담조차 없는 사람보다 나은 사람이니까요.

책을 다 썼지만 출간이 되지 않아도, 자격증을 땄지만 경제 활동으로 연결되지 않아도, 완주해낸 사람은 중도하차한 사람과 달라요. 끝까지 완주해본 만큼의 지혜로 한 단계 높은 차원에서 다음 생의 단락을 이어가게 되어 있으니까요. 나는 내가 정한 목표를 끝까지 성취한 것만으로 내게, 가족에게, 공동체의 친구들에게, 이전에 없던 지혜를 나눠줄 수 있게 된 거예요. 노력했지만 아무것도 못 얻은 게 아니라, 노력을 통해서만 얻을 수 있는 가장 소중한 것을 얻은 거지요. 그러기에 나는 이제 더 정교해진 판단력으로 다음 목표를 정할 수 있고, 거기서 내가 성공할 확률은 이전보다 높아졌어요.

그렇게 나는 한 사회에서 내가 속한 자리의 격을 높이고 더 많은 이들에게 선한 영향력을 행사하는 겁니다. 그게 내가 '나'를 찾고, '우리'를 찾고, '세상'을 더 나은 곳으로 만드는 방식입니다.

독박육아는 금물,
육아공동체로 극복하자

독박육아는 무조건 피해야 합니다. 독박육아를 하면 엄마도 미치고 애도 미치고 아빠도 미쳐요. 독박육아를 하는데 어찌 아이가 예쁠 수 있을까요? 어찌 남편에게 곱게 말이 나갈까요? 불가능합니다. 특히 어린이집에도 보내기 어려운 36개월 이전의 24시간 독박육아는 퇴근도 휴일도 없기에 엄마의 심신을 병들게 합니다. 아이 하나를 키우는 데 마을 전체가 필요하다는 말은 진리입니다. 그 어떤 경우에도 육아는 '격리'된 생활이 되어서는 안 돼요. 대한민국 엄마들은 아이가 어릴 때는 독박육아로부터, 이후에는 입시육아로부터, 자신과 아이를 지켜내기 위해서 적극적인 노력을 기울여야 합니다.

구체적으로 어떤 노력을 기울이면 좋을까요?

육아공동체를 만들 것을 권합니다. 육아공동체는 사실 독박육아와 입시육아 모두에 효과적인 대응책이에요. 앞에서 활동공동체를 다뤘지만, 아이가 어린이집에 등원하기 전에는 엄마가 활동공동체를 만들기는커녕 활동 자체를 할 시간이 없어요. 어린이집에 등원한 이후에도 아이가 엄마와 떨어져 제대로 시간을 보낼 수 있으려면 수년이 더 필요합니다. 그동안 엄마는 아이가 맺는 인간관계를 수동적으로 따라 맺을 수밖에 없지요. 아이 친구 엄마가 내 친구가 되는 식으로요. 어차피 그래야만 하는 거라면, 우리는 이 시기에 좀 더 적극적으로 '아이를 함께 키울' 필요가 있습니다. 즉, 육아공동체 속으로 들어가는 것이지요.

언젠가 모 여성잡지에서 "30대 여성이 꼭 해봐야 할 경험으로 무엇을 추천하느냐?"는 질문을 해왔을 때, 저는 망설임 없이 '공동체 생활'을 꼽았어요. 내 아이, 내 집, 내 차⋯ 를 왕성하게 만들어가는 30대에 '우리'를 중심에 놓고 생활해보는 경험은 이후의 관점을 완전히 바꿔놓습니다. 대한민국에서의 삶은 어쩔 수 없이 피로한 경쟁의 연속일지라도, 그럴수록 더더욱, 선택을 내려야 하는 순간마다 공동체에서의 경험이 식탁 전체를 보고 '우리'를 환기해내는 신선한 힘을 공급해주기 때문입니다. 마치 한번 맞아두면 평생 내성이 생기는 예방접종처럼, 아이가 어릴 때 육아공동체를 경험한 부모는 이후 '내 아이'를 경쟁에서 이기게 하는 데 골몰하는 학부모들에게 에워싸여도 '내 아이'만을 위한 선택이 아닌, '우리 아이들이 살아갈 세상'을 같이 고려하는 선택을 내리게 됩니다. 그러한 선택들은 고스란히 부모에게 쌓여

'소신'이 되고 아이에게 쌓여 '인성'이 되지요.

육아공동체에는 어린이집 형태의 '공동육아', 소규모의 '품앗이 육아', 생태 프로그램인 '숲유치원' 등이 있습니다. 앞에서 '어떻게 살 것인가?'가 '어떻게 키울 것인가?'와 같은 질문이라고 했지요? 육아관이 비슷해서 모인 공동체의 구성원들은 인생관도 닮은 구석이 많을 수밖에 없습니다. 서로 유사한 'THE 가치'를 공유할 확률이 높아지는 거지요. 그렇기에 육아공동체에서 친구가 되면 아이 친구의 엄마라서 마지못해 친구가 되는 게 아니라, 서로 잘 맞아서 평생 친구로 남을 확률이 높아져요. 가치가 비슷하니 엄마가 활동을 도모할 때 '활동공동체'를 함께 만들 확률도 높아집니다. 또 육아관은 고스란히 교육관으로 이어지기 마련이니 다가올 입시의 광풍에 맞서 손 꼭 붙잡고 서로의 교육관을 지지해줄 수도 있을 겁니다. (장점투성이지요!)

자녀들도 마찬가지예요. 비슷한 교육관 아래서 자란 아이들끼리는 쉽게 친해집니다. 초등학생이 되고, 중학생이 되어도, 이를테면 똑같이 사교육을 적게 받고, 운동이나 인문학 강좌를 같이 듣는 등 안정적으로 우정을 지속할 수가 있어요. 또래들이 맹목적으로 입시경쟁을 할 때, 이 아이들은 '자신들만의 방식'으로 미래를 설계하고 서로를 격려해줄 수 있지요. 끼리끼리 모여 자신들만의 생각을 펼칠 청소년 프로젝트를 도모해볼 수도 있을 거예요. 이를 통해 요즘 점점 더 중요시되는 집단창의성은 물론, 앞에서 '우리 아이들에게 부족한 것들'로 언급했던 '자유, 오프라인의 소통, 자연, 협동, 필사적인 삶의 자세, 자기주도성'도 함께 채워나갈 수 있을 겁니다.

제 아들 중빈이는 지금도 어린이집과 초등학교 시절 함께 생활했던 공동체의 친구나 형들과 교류합니다. 그들과 만날 때, 아이는 매우 편안하고 정직한 모습의 자신을 드러내지요. 가치로 맺어졌지 경쟁으로 맺어진 관계가 아니기 때문입니다. 이 아이들은 서로 "너 어느 대학 갔냐?" 류의 질문은 하지 않습니다. 대신 "넌 뭐가 되고 싶냐?"고 묻고 "그래서 지금 어떤 준비를 하고 있냐?" 궁금해해요. 이 우정은 평생 갈 확률이 높아요. 어른이 되어서 각자 어떤 길을 걷든 비교하거나 서열을 매기지 않는 우정을 맺고 있으니까요.

아이가 중등과정을 시작한 뒤에는, 아이도 저도 공동체가 없어서 힘들었어요. '우리'는 없고 '나'만 앞세워 경쟁하는 바깥세상은 참 험악하더군요. 그때 제가 만든 것이 온라인 '언니공동체'였고, 중빈이가 찾아낸 공동체는 발리의 보육원 페르마타 하티였어요. 저는 언니공동체라는 블로그 상담소에서 엄마들과 머리를 맞대고 다양한 고민들을 함께 풀어나가는 지혜나눔을 시작했어요. 중빈이는 방학마다 페르마타 하티에 가서 보육원 아이들과 땀 흘리며 공연을 만들고 수익을 거두고 보람을 느꼈지요. 그렇게 언제 어디서나 적극적으로 공동체를 만들었어요. 단지 더 재미있고 행복하기 위해서. 그렇게 '나'를 나누어 '우리'를 만났고, '나'를 더 많이 나눌수록 더 큰 '우리'가 내 것이 되었습니다. 나눔이라는 'THE 가치'도 점점 더 단단해졌어요.

제가 강의에 가면, 끝에 이런 질문이 나오곤 합니다.
"저도 공동체 육아를 하고 싶어요. 그런데 그런 엄마가 주변에 없어요. 어디 가서 찾지요?"
전국팔도 어딜 가서 강의를 해도 꼭 이런 질문이 나와요. 그 말은 이런 엄마들이 전국팔도에 이미 다 있다는 뜻입니다. 입시육아를 하는 사람들의 수세에 눌려 눈에 잘 띄지 않을 뿐. 그러니 옆집에서만 찾지 마세요. 적극적으로 육아공동체 속으로 들어가세요. 필요하다면 이사도 불사하세요. 대한민국의 문제는, 아이의 '입시' 하나만을 위해 가족 전체가 학군 좋은 곳으로 이사 가거나 주말부부가 되는 것까지도 당연시하면서, 온 가족의 '가치'를 위해 아이를 공동체 속으로 데려가는 것은 '뭐 그렇게까지 극성스럽게'라고 생각한다는 것이지요. 가치 위에 점수를 두니, 부모가 자식 주려고 시험지를 훔치는 일쯤이야. 진정한 맹모삼천

지교는 점수가 아닌, 가치를 함께 나눌 사람들을 찾아 짐을 꾸리는 일입니다.

그리고 기적처럼 벌어진 일들.

제가 늘 '육아공동체', '활동공동체'의 중요성을 강조하자, 지난 3월, 온라인 공동체인 '언니공동체'의 엄마들이 요청했어요. "공동체가 좋은 건 알겠는데 오프라인에서 어떻게 만들어야 할지 모르겠어요. 판을 깔아주시면 안 돼요?" 그래서 저는 블로그에 이런 판을 깔았습니다.

'내게 맞는 〈언니공동체〉를 찾습니다'

1. 〈육아공동체〉를 원하는 분들
엄마도 아이도 불행한 입시육아를 하고 싶지 않아요. 하지만 늘 우리 아이만 텅 빈 놀이터에서 혼자 놀아요. 너무 외롭습니다. 함께 들로 산으로 도서관으로 집으로 다닐 분, 사교육에 돈 쓰지 않고 그 돈으로 엄마도 아이도 즐기면서 매일매일 즐거운 소풍처럼 육아할 분을 찾습니다.

여기 해당되는 분들은
1. 구체적인 지역명

2. 자녀 성별 및 연령

3. 내가 꿈꾸는 육아공동체란?

4. 메일 주소

순으로 댓글을 남겨주세요. 그리고 자신이 찾는 댓글이 나타나면 서로 왕성하게 연락을 주고받으시기 바랍니다.

2. 〈활동공동체〉를 원하는 분들

'나'만의 세계를 찾고 싶어요. 그런데 혼자서 지속하기는 힘들어요. 너무 외롭기도 하고요. 서로를 북돋는 활동친구를 만들고 싶어요. 저부터 좀 신나고 행복하게 살면서, 우리 가족만의 'THE 가치'도 찾아보려고요.

여기 해당되는 분들은

1. 구체적인 지역명

2. 내가 꿈꾸는 활동공동체란?

3. 메일 주소

순으로 댓글을 남겨주세요. 그리고 자신이 찾는 댓글이 나타나면 서로 왕성하게 연락을 주고받으시기 바랍니다.

공동체는 여러분 '스스로' 결성하시는 겁니다.

어떤 일이 벌어졌을까요? 전국각지에서 공동체를 결성하고자 하는 엄마들의 댓글 1,000여 개가 폭발적으로 달렸어요. 이것은 무슨 뜻일까요? 입시육아에서 벗어나 시절에 유효한 육아를 하고 싶은 엄마들이 많다는 뜻입니다. 아이의 세계에 얹혀사는 대신 '나'만의 세계를 확보하고 싶은 엄마들이 많다는 뜻이며, 고독하고 피로한 독박육아를 타계할 해법을 찾는 엄마들도 많다는 뜻입니다. 즉, 엄마들 중 상당수가 기존의 '엄마 역할'이나 '육아법'을 대신할 대안을 적극적으로 찾고 있다는 뜻이며, 그들에게 이미 그럴 능력이 있다는 뜻입니다.

1,000여 개의 댓글 중 하나를 볼까요?

안녕하세요! 신도시 특성상, 아이들이 많은 우리 동네에도 분명 우리의 언니, 소희 님을 멘토로 생각하시는 엄마들이 (많이) 계실 것임을 믿는데, 시간이 지나도 용기 내신 분이 안 계셔서 제가 번쩍! 손을 들기로 했어요.

1. 여기는 경상남도 ○○입니다.
2. 저는 육아보다는 활동공동체를 함께하실 분들을 원합니다. 아이들이 어느 정도 자란 영향도 있겠지만, 무엇보다 소희 님의 영향을 입은 엄마들과 삶을 공유했으면 좋겠습니다. 좋은 책 같이 골라 읽으며 의견 나누고, 사는 이야기도 나누고, 서로 북돋아주면서 취업(?)도 시키고. 물론, 공원이나 마트에서

마주치는 갓난쟁이 엄마들 보면 또 얼마나 힘드실까 싶어서 안아주고 싶은 생각도 든답니다. 힘드시겠지만 갓난쟁이 키우면서 자아를 찾기 원하시는 엄마들도 환영합니다. 갓난쟁이 쭈쭈 먹이면서 같이 나누는 것도 너무 아름다울 것 같네요.

3. 저는 메일보다 이 댓글에 답글 달아주시면 좋을 거 같아요. 함께하시고자 하시는 분들의 답글은 또 다른 누군가에겐 자극이 될 수 있다고 생각하거든요. 한 분이라도 좋아요. 소희 님이 알려준 〈엄마의 20년〉 철학을 같이 나눌 수 있으면 좋겠어요!

자발적으로 전국각지에서 오프라인 '언니공동체'가 생겨났습니다. 그리고 저에게 '언니공동체 활동보고서'가 속속 도착했어요. 독서토론, 필사 릴레이, 감사일기 쓰기, 1박 여행 등등. 공동체들은 제각각 자신들만의 뚜렷한 개성과 목표를 지니고 능동적으로 활동했습니다.

예를 들면, 경남 언니공동체는 '자기운명공동체'란 뜻에서 '자운공'이라 스스로 이름 짓고 매월 1회 주말 정기 모임을 가지기 시작했습니다. 첫 모임에서부터 '그동안 이 사람들 어디 있다 나타났나?' 싶을 만큼 공통분모가 많은 사람들이란 걸 알게 되었어요. 그래서 곧장 주중 낮 모임으로도 확장했습니다. 자운공은 엄마가 자신을 위해 시간을 내자, 가족들만을 위해 살았을 때보

'나를 찾고 싶은' 엄마들의 모임. 아기 문화센터에 엄마가 따라가는 것이 아닌, 엄마 공부 모임에 아기가 따라오는 풍경이 반갑지요? ○

다 가족들을 향한 사랑이 더 커지는 신비를 경험하고 있다고 했어요.

글로벌 언니공동체 '눈썹을 그려라'는 지역 기반이 아닌 100% 온라인 기반입니다. 각지에서 열두 명이 모였습니다. 공동체 이름처럼 오직 '눈썹을 꾸준히 그리고 활동 좀 지속해보자'는 생각에 모인 분들이었습니다. 공예, 작곡, 운동 등 각자 지속하고 싶

○　　　　　　　　　　다양한 언니공동체 활동 후기들은 '언니공동체 카페 cafe.
　　　　　　　　　　　naver.com/powerfulsisterhood'에서 보실 수 있습니다.

은 활동이 이미 뚜렷했으나 혼자 힘으로는 잘 되지 않아 뭉친 경우였지요. 그래서 이들은 호구 조사조차 하지 않았습니다. 오직 각자의 활동을 매일 오전 10시까지 인증사진으로 보내기, 서로의 활동에 물개박수 쳐주기, 그러고 나면 10시에 문 닫기 식으로 운영했습니다.

이 공동체만의 '느슨하지만 확실한' 운영방식은 엄청난 인기를 끌었습니다. '눈썹을 그려라' 1기가 결성된 지 불과 한 달 반 뒤에 2기가 결성되었고 현재 대기자들이 3기 결성을 기다리고 있어요.

공동체 활동을 시작한 엄마들은 이구동성으로 말했어요.

"참 신기했어요. 공통분모라곤 같은 작가의 책을 좋아한 것뿐인데, 너무 잘 통해서 밤새워 이야기할 수도 있겠더라고요. 주변인들에게 '별나다'라는 소리를 들었던 제 육아법이 사실은 '진보적이며 소신 있는' 육아법임을 서로의 지지를 통해 확신하게 되었어요."

"함께하니 그동안 미뤄왔거나 쉽게 포기했던 활동도 수월하게 지속되었어요. 육아 때문에 활동을 할 수 없다고만 생각했었는데, 막상 활동을 시작해보니 그동안 과잉 육아를 해왔음을 알겠더라고요. 제가 나갔다 와도 아이에겐 아무 마이너스도 없었어요. 오히려 더 좋아했지요. 아이의 행복지수와 제 행복지수가 동시에 높아졌어요.”

“‘매일 남편 허그하기’ 같은 직접적인 행동 강령을 정해서 혼자서는 도저히 못하겠던 것을 함께 실천하니 부부관계의 질도 높아졌어요.” (허그하기 실천 첫날 아침부터 단톡방 미어터짐.)

“엄마의 활동이 중심인 공동체지만, 주말 하루는 날을 잡아서 모두 아이들을 데리고 나들이를 갔어요. 아이들은 친구가 많아져 즐거워했고 덕분에 남편들은 가정에서 휴가를 얻었어요. 이렇게 되니 남편이 주중 하루 일찍 들어와서 제가 공동체 모임에 나갈 수 있도록 적극 아이를 봐주는 등 선순환이 일어나더라고요.”

“마당에 꽃이 핀 사진만 단톡방에 올려도 타샤 튜더 대접을 받으니, 저의 하루가 특별해지더라고요. 활동을 목표로 시작했지만 그것을 떠난 내 일거수일투족에도 새로운 목표와 활력이 생기고 자존감이 높아졌어요.”

이렇듯 공동체의 장점은 끝이 없어요. 지금도 매일 전국각지에서 활동보고서가 날아듭니다. 기존의 ‘시중드는’ 엄마, ‘희생하는’ 엄마, ‘내 새끼밖에 모르는’ 엄마 역할이 싫다고 외치는 엄마들이 풀뿌리처럼 늘어나고 있는 거지요. 책 한 권을 골라도, 그들은 내 아이를 경쟁적으로 대학에 잘 들여보내기 위해 고르지 않아요. 다수를 위하고 미래지향적인 시야를 제공해주는 책을 고르지요. 장애아를 바라보는 시선에 대해서, 환경문제에 대해서, 훈육에 체벌이 꼭 필요한가에 대해서….

따로따로 고립되어 있을 땐 무력하던 엄마들이 공동체를 이뤄 적극적으로 활동하는 모습을 보면서, 저는 그들의 몇 년 뒤 모습을 상상해봅니다. 아마 무섭게 성장해 있을 겁니다. 그들이 거둬들인 풍성한 열매를 가족들은 나눠 먹겠지요. 지혜로, 자존감으로, 삶에 대한 열정으로, 그들이 가꾼 과실수들 덕분에 그 공동체가 속한 지역도 기름져질 겁니다. 당연히 세상의 숲도 더 아름다워지겠지요.

'내 식으로' 하자.
창의력, 별거 아냐!

"네 식으로 해!"

누군가 이렇게 말하면 우리는 힘들어져요. 차라리 할 일을 정해
주는 게 속 편하지. 이 사회가 우리를 사지선다형 밖으로 나가게
했어야 말이지요. '내 식으로' 한다는 것은 내가 틀에 얽매이지
않는다는 뜻입니다. 자유롭고도 다양한 시도를 해본다는 뜻이
고, 그로써 나만의 창의적인 길을 걷는다는 뜻이에요.

창의성, 이건 특히 사회가 여성들에게 좀처럼 허하지 않았던 힘
이에요. 얌전히 부모 말 잘 듣고, 공부 잘해서, 시집 잘 가고, 직
장을 얻을 땐 애 키우기 좋은 직장을 얻어서, 애 낳고, 애 잘 키
우며, 조신하게 정해진 궤도 안에만 있을 것. 우리는 탄생과 함
께 매우 폭이 좁은 길을 걷도록 지시받은 '답정녀 인생'이었어
요. 모난 돌이 새로움을 만들어내는 법인데, 조금이라도 틀을 벗
어난 돌은 반드시 정을 맞는 걸 보면서 이목과 평가에 길들여졌
지요.

그러니 아까운 내 인생, 지금이라도 눈치 보지 말고 실컷 '내 식으로' 해보기로 해요. 결혼해서 애까지 낳은 마당에, 고용중단여성이라면 더더욱, 꺼릴 게 뭐가 남아 있겠어요? 이 사회가 나를 그저 '아줌마'로 밖에 안 보거든, 그 낮은 사회적 기대에 절망할 게 아니라, 역으로 그것을 내게 유리하게 활용해야 합니다. 그것이야말로 어렵게 얻은 자유거든요. 이제 아무도 내가 대단한 일을 하길 기대하지 않아요. 고급공무원이 되거나 노벨상을 타지 않아도 되지요.° 나는 비로소 사지선다형에서, 강요된 정답과 조신함에서 벗어난 거예요. 지금부터 나의 할 일은 '계룡산 시절'을 살면서 자유로운 시선으로 세상을 바라보고 백지 위에 내 맘대로 그림을 그리는 일입니다. 누가 압니까? 이런저런 자유로운 시도 끝에 나도 모르던 '창의적인 나'가 튀어나와 명작을 남길지?

강연장에서 종종 이렇게 말하는 엄마들을 만나요.
"저는 지금이 가장 좋아요. 이 나이 먹도록 내가 뭘 좋아하는지도 모르고 살았는데, 지금은 애들 어린이집 보내놓고 이 강연도 들어보고 저 강연도 들어보고… 내가 어떤 사람인지 알아갈 기회를 가지니까요."

°　　　　　　　　　물론 우리는 이 책의 '나를 찾는 법 15가지'를 착실히 해내
　　　　　　　　　다 보면 결국 노벨상을 타게 됩니다. 무슨 말이냐고요? 이
　　　　　　　　　책의 끝부분에서 밝혀집니다.

전업맘만 이럴 수 있는 것은 아니에요. 어떤 직장맘은 매월 남편과 아이 모르게 생리휴가를 쓰면서 그날만큼은 다양한 방식으로 '오직 나'를 위해주는 시간을 가져요. 맛있는 것도 먹고 서점 산책도 하고 강의도 골라 듣지요. 이런 엄마들은 눈이 반짝반짝하고 얼굴에 생기가 가득합니다.

이렇게 '내 식으로' 문을 활짝 열어놓고 내가 좋아하는 활동을 '꾸준히' 시도하다 보면, 어느 날 짠! 하고 창의성이 나타납니다. 창의성이란 단어 앞에서 위축될 필요 없어요. 창의성이란 세상에 없던 것을 생각해내는 것이 아니라, 내내 있던 것에 '플러스 알파'를 더하는 일이거든요. 예를 들어볼까요?

A는 그림을 좋아합니다. 그래서 유명화가의 화집을 즐겨 봐요. '명화를 좋아하는 사람들'이라는 카페에 가입해서 온오프라인 모임에도 꾸준히 참석하고 있어요. A는 종종 명화를 블로그나 카페에 올리고 화집에 나와 있는 감상 포인트도 같이 적어둡니다. A에게는 여섯 살 딸이 있어요. 매일 그림을 그리지요. 하루에도 열두 장씩 막 그려요. A는 그것도 종종 사진을 찍어서 블로그에 올려요. 그리고 감상 포인트를 써요. 아이가 말해준 감상 포인트를 받아 적을 때도 있고, A가 스스로 느낀 감상 포인트를 적기도 해요. A는 이 일을 좋아해서 매일 지속합니다. 여기까지는 그냥

일반적인 블로거예요.

어느 날, A는 이 루틴에서 벗어나고 싶어져요. 내면에 보다 고급 욕구가 자리 잡기 시작한 거지요. 즉, 타인이 생산한 콘텐츠를 블로그나 카페에 올리기만 하는 데서 벗어나, 자기만의 콘텐츠를 본격적으로 생산하고 싶어진 거예요. 그렇다고 A가 당장 유명화가처럼 그림을 그려서 올릴 수는 없지요. 어떻게 하면 될까요?

A는 그동안 했던 두 활동을 섞어보기로 해요. 즉, 딸이 그린 그림과 유명화가의 그림을 연결 짓는 거지요. 유명화가의 그림과 어린아이의 그림은 종종 닮아 보이기도 하잖아요? A는 딸의 그림 중에서 유명화가의 그림을 연상시키는 그림을 찾아내고, 블로그에서 두 그림을 나란히 보여주며 그 연상 포인트를 설명해주기 시작해요.

예를 들어 똑같이 물고기를 그렸어도, 어린아이가 보는 시선과 어른이 보는 시선, 어린아이의 표현법과 어른의 표현법 등을 대비시켜서 읽는 재미를 주는 거지요. 믹스 앤드 매치Mix & Match를 통해 콘텐츠를 2차 가공하는 거예요. 덕분에 A 블로그의 구독자들은 동심도, 유명작품도, 보다 쉽게 이해하게 되었어요. A는 이것을 '명화를 좋아하는 사람들' 카페에도 자주 올려요. 카페 회원들도 그녀의 시도에 호응해주었어요. 자녀들과 함께 보면서 교육적인 시간을 가질 수도 있어 좋다고 말해주기도 했어요.

이렇게, 창의성은 누구나의 것이에요.

레오나르도 다빈치처럼 비범한 사람만의 것이 아닙니다. 일상 속 크로스 오버로 얼마든지 재탄생할 수 있어요. 특히 요즘처럼 조금이라도 특이한 콘텐츠가 널리 퍼지기 쉬운 시절이라면 더더욱 말입니다.

물론, 그러려면 A에게 '화집을 즐겨보는 시간'이 반드시 선행되어야 할 겁니다. 계룡산 시절 말이에요. 매일 눈썹을 그리고 꾸준히 활동비 쓰며 데이터를 쌓는 시간. 또 '공동체'의 시간도 선행되어야 하겠지요? 창의적인 아이디어가 솟아났을 때 반응을 살펴볼 수도 있고 응원도 해줄 수 있는 온오프라인의 친구들!

일단 데이터가 쌓이면 그걸 응용할 길은 다양해져요. 또 일단 응용해놓으면 SNS 시절에 눈에 안 띄기가 더 어렵지요. A가 가만히 앉아 있어도 여기저기서 찾아와 블로그 문을 두드릴 겁니다. A의 활동은 출판사든 교육웹진이든 유치원 강의든 연결될 수 있어요. 그렇게 A의 활동이 차츰차츰 경제 활동으로 이어질 수도 있는 거지요. 4차 산업혁명은 창의성에 내려진 축복입니다.

그럼에도 불구하고, 창의성은 연약한 것입니다.

사실 창의적인 아이디어가 없는 사람은 없어요. 그것을 잘 보살 피지 못할 뿐이지요. 오늘 나는 '아이와 아프리카에 가볼까?' 같 은 황당한 아이디어를 떠올릴 수도 있어요. '제주 한 달 살이를 해볼까?'처럼 보다 실현가능성 높은 아이디어를 떠올릴 수도 있 겠지요. 그것이 무엇이든, 오늘 내 아이디어는 나의 세계에 갓 태어난 아기와 같습니다. 무한한 가능성을 지니고 있지만 매우 연약한 아기. 내가 할 일은 이 아기의 가능성을 믿고 건강하게 살려내는 일입니다.

언제나 내 아이디어를 소중히 보살피세요. 특히 엄마라는 자리 엔 방해물이 쉼 없이 등장하기 때문에 자신의 아이디어를 전투 적으로 지킬 줄 알아야 해요. 누가 내 아이디어를 비웃걸랑 마음 속으로 '어딜 감히!' 하고 꾸짖으세요. 누가 내 아이디어에 실망 하거든 '당신은 그렇게 생각하시든가' 하고 내버려두세요. 답정 너로 길들여진 대한민국 여성에겐 누군가를 실망시키는 것도 하나의 능력입니다. 자신에게 집중할 수 있는 능력!

시부모나 남편, 친정부모가 신경 쓰이세요? 아니면, 아이들이? 그렇다면 비밀 아닌 비밀을 말씀드릴게요. 사실 이 세상 그 누구도 내게 나만큼 관심이 없답니다. 그리고 그래야만 하지요. 내가 가장 날 챙겨야 하니까요. 중요한 건 나의, 나를 향한 평가입니다. 나에 대한 내 평가가 보잘것없을 때, 온 세상이 좋은 평가를 내린다 해도 나는 더 나아갈 의미를 찾기 힘들어져요.

오늘 내게 떠오른 아이디어를, 갓 태어난 아기를, 애틋하게 받들기로 해요. '아이와 아프리카에 가볼까?' 했으면 가보는 방향으로 착실히 준비하는 겁니다. '제주 한 달 살이를 해볼까?' 했으면 해보는 방향으로 밀어붙이는 거예요. 남들이 뭐라 하건! 그로써 내 세계는 '내 식으로' 원활히 작동되는 겁니다. 내 세계를 오늘 원활히 작동시킨 것 자체가 '오늘의 훌륭한 결과물'입니다. 그렇게 당당하게 내일도 사는 거예요. 그렇게 당당하게 모레도 사는 거예요. 매일매일 오늘이 훌륭하면, 먼 훗날 뒤돌아볼 때 인생 전체가 훌륭한 거니까요.

여기서도 공동체의 또 다른 장점을 언급하지 않고 넘어갈 수가 없겠네요. 공동체를 이루면 나 혼자만의 창의성이 아닌, '집단창의성'을 활용할 수 있게 됩니다. 4차 산업혁명 시대에 가장 핵심적인 능력 중 하나지요. 한 사람의 머릿속에서 나오는 창의성보다 여럿이 머리를 맞댈 때 나오는 창의성이 더 뛰어날 수밖에 없는 건 당연하겠지요?

예를 들어, 경남 언니공동체 '자운공'은 '엄마의 졸업여행과 수학여행'이라는 아이디어를 고안해냈습니다. 그날의 기록을 함께 볼까요?

1. 졸업여행 갑니다.

우리 자운공 공식 막둥이(오늘 기준으로 4개월 꼬물이)가 스무 살이 되어 모든 자운공 멤버들이 엄마 졸업하는 날, 우리 다 함께 졸업여행을 가요. 그때쯤이면 우리 모두 마음만 먹으면 탁 떠날 수 있는 생을 마음껏 누리고 있을 것!

2. 수학여행도 있어요.

각자의 20년마다 다함께 축하하는 여행은, 수학여행입니다. 화선 언니의 첫째가 올해 열여덟 살이니 2년 뒤 스무 살이 되는 해, 우리의 첫 수학여행이 시작되는 셈.

나를 잠시 잊고, 엄마로 살았던 20년의 세월이 끝나는 날, 그날을 진심으로 축하하기로 합니다. 어떻게 축하할지 생각만으로 울컥하고, 설렙니다. 뭉클합니다. 나의 '엄마 졸업식'.

자자, 우리의 구체적인 계획은요.

장소는 제주도입니다. 졸업하시는 분은 드레스 꼭 입으시고, 다른 멤버들도 다 같이 옷 맞춰 입고 기념사진을 찍습니다. 졸업하는 엄마를 위한 편지 써 오기, 의미 있는 선물을 해요. 그리고 '엄마 졸업장' 상장 수여식이 있습니다.

아이들은 엄마의 졸업식을 지켜보며,

스무 살이 되면 독립을 해야 하고,

엄마도 졸업을 한다는 것을 자연스럽게 받아들이게 될 것입니다.

막둥이 졸업여행은 공식 마지막 수학여행이자,

진정한 졸업여행이므로 크루즈를 탑니다. 아모르 파티입니다.

우리는 함께합니다.

열다섯 번의 수학여행과 한 번의 졸업여행.

모이니 즐겁고, 즐거우니 자주 모이고, 자주 모이니 모여서 무엇을 할까를 더 심도 있게 고민하는 것, 이것이 바로 공동체의 선순환이지요. 혼자서는 절대 하지 못할 도전도 함께라면 얼마든지 용기 있게 꿈꿔볼 수 있어요. 집단창의성은 바로 이 '용기'에 기반해서 확장됩니다. 용기가 아이디어의 경계를 넓히지요.

저는 자운공이 보내준 '엄마의 졸업여행과 수학여행' 소식을 블로그에서 공유했고 다른 지역의 언니공동체들은 이 매혹적인 계획을 삽시간에 벤치마킹했습니다.

집단창의성의 다른 사례도 있습니다. 글로벌 언니공동체 '눈썹을 그려라'는 공동체를 결성하면서 '과연 얼굴도 못 보고 여기저기 흩어져 있는 사람들끼리 만든 공동체가 얼마나 갈까?' 싶었어요. 그래서 매일 각자 활동하고 아침마다 인증샷을 보내자는 약속이 12주간 지속되면 그것을 기념하는 전시회를 열자고 1차 목표를 정했습니다. 그리고 12주 되던 날, 정말로 온라인 전시회를 열었습니다. 단톡방의 방장이 12주간 주고받았던 인증샷들을 모아, 사진과 동영상으로 '12주간의 활동 아카이브'를 만들어 공개한 것이지요.

마치 미술관의 구석구석을 걸어 다니며 작품을 감상하는 것처럼, 클릭을 거듭하면서 엄마들의 작업 환경과 활동을 들여다볼 수 있었어요. 일과 육아 사이에서 자투리 시간을 활용하여 그날그날 숨차게 보내온 '기록들'. 최종적으로 완성해낸 결과물도 결과물이었지만, 완성해내기까지 흘린 땀방울들이 느껴져 눈물겨웠어요. 모두 예술이고 전투였습니다.

'눈썹을 그려라' 공동체에서 나눈 활동 사진들 중에서. 이러한 활동 사진을 각자 매일 올리고 서로를 격려하고 응원했습니다.

이 전시회 역시 혼자서는 기획조차 불가능했을 겁니다. 저는 여기에 다음 전시회 때는 온라인 굿즈를 판매해보자는 아이디어를 보탰고, 엄마들은 지금 두 번째 목표를 향해서 열정적으로 작품을 만드는 중입니다.

집단창의력이라고는 발휘해본 적도, 그 효과도 맛보지 못한 엄마가 "얘, 4차 산업혁명 시대에는 집단창의력이 최고라더라"하면서 아이를 창의력 수업에 넣어봐야 아이에게는 숙제가 또 하나 늘어났다는 생각뿐일 거예요. 엄마는 '집단력'을 강조하는 그 수업에서조차 내 아이가 1등 하길 바랄 거고요. 낡은 의식을 버리지 않은 채, 새 세상의 일원이 될 수는 없습니다. 한 가정이 시대와 발맞춰 변화하고자 할 때, 먼저 의식의 변화를 꾀해야 하는 사람은 아이가 아닌, 부모입니다. 부모가 낡은 문을 부수고 새 문을 열어줄 때에 아이는 성큼 새 세상으로 나갈 수 있을 테니까요.

육아 '롤언니'를
곁에 두자

앞에서 친정엄마를 대신할 새로운 육아 롤모델의 필요성을 언급했습니다. 그런데 육아 롤모델을 정할 때 너무 거창한 인물을 고르지 말라고 조언하고 싶어요. 뉴스나 책에 나오는 사람은 잘났지만 멀리 있으니까요. 그보다 내가 쉽게 따라쟁이가 될 수 있으며, 수시로 찾아갈 수도 있는 '롤언니'가 좋습니다.

나보다 서너 해 정도 먼저 아이를 키워본 선경험자 언니. 그래서 내가 필요한 경험담을 ("너무 오래전이라 기억 안 난다"가 아니라) 아직 따끈따끈하게 지니고 있는 언니. 내가 결혼이고 육아고 다 덧없다고 느낄 때 "나도 작년에 그랬다"며 공감해줄 수 있는 언니. "너나 나나 어쩌다 이렇게 됐냐"며 함께 눈물 콧물 짜내주는 언니. 자식이든 남편이든 친정이든 시집이든 장르 불문 흉볼 수 있는 언니. 오밤중에 애 재우고 나서 녹초가 되면 슬리퍼 끌고 나와 벤치에서 캔맥주도 깔 수 있는 언니. 답을 다 알고 있는 언니보다는, 때로 "그건 나도 진짜 모르겠다, 쉬벌" 같이 욕해주는 언니.

내게 이런 롤언니가 있다면 육아공동체가 덜 필요할 수도 있어요. 하지만 내게 롤언니가 없다면, 육아공동체에 들어갔을 때 훨씬 쉽게 그녀를 찾을 수 있어요. 한 공간에서 여러 선후배 엄마들이 아이를 대하는 모습을 보면, 금방 눈에 띄게 됩니다. 나보다 뛰어난 인내심을 가지고 아이를 기다려주고, 나보다 적절하게 아이의 투정에 대응하고, 나 같으면 머리 뚜껑 열렸을 상황에서 차분하게 구성원들의 말에 귀 기울이고 화합을 도모하는 엄마. 한 명쯤 꼭 있어요. 저절로 닮고 싶어지지요.

저도 운 좋게 공동육아에서 육아 롤언니를 만났어요. 중빈이보다 두 살 위의 아들을 가진 언니였는데, 저는 그녀가 '두려움 없이' 아이를 기다려주는 방식이 좋아 보였어요. 그때부터 중빈이가 사춘기를 끝낼 때까지 툭하면 달려가 위로와 조언을 받았지요.

뒤돌아보면, 그녀가 제게 정답을 주었던 적은 많지 않아요. 두 아이가 기질적으로 매우 달랐고, 처한 상황도 많이 달랐거든요. 두 엄마의 기질이나 양육방식마저 완전히 달랐어요. 하지만 우리는 서로의 다름에 끌렸고 그것을 온전히 존중했어요. 그래서 매번 서로가 힘들어할 때마다 "너는 멋져. 내 눈에 너는 완전 옳게 가고 있어" 격려해주었고, 상대방이 잘못 가고 있는 것 같을 때는 그저 "음, 난 이렇게 생각해"라고 다른 관점을 제시해주었어요. 비난이나 강요 없이. 그러면 우리는 서로를 신뢰하기에, 그것을 매우 신중하게 귀담아들었어요. 그런 태도는 육아뿐 아니라 점차 서로의 부부관계로도, 활동으로도 확장되었어요.

그러고 나서 어느 날 보니 우리 아이들은 어깨가 넓은 청년이 되어가고 있었고, 우리의 남편들은 더 이상 사고 치지 않는 완숙한 중년이 되어 있었고, 우리의 활동은 안정되어 있었고, 우리는 전처럼 서로를 자주 찾지 않아도 혼자 힘으로 잘 가고 있었어요. 서로의 좋은 점을 흡수하면서 인생의 학년을 높여 간 거고 결국 서로를 졸업한 거지요.

우리는 종종 한 시기를 마감하며 사람도 같이 졸업하곤 합니다. 물갈이 같은 거지요. 제가 회사를 그만두고 계룡산으로 옮겨 갔을 때처럼, 각 성장의 단계마다 자연현상처럼 벌어지는 일입니다. 그러므로 물갈이를 두려워할 필요는 없어요. 다시, 새 생의 시기를 맞이하여 새 생의 주제를 찾고 새 교실에서 새 사람들과 지평을 넓혀가는 것, 옛 친구들이나 롤언니와는 졸업생들끼리 하는 동문회처럼 정기적으로 만나 느슨하고 편안한 우정을 유지하는 것, 그건 좋은 현상이랍니다. 옛 영역에서는 더 이상 오밤중에 슬리퍼를 끌고 나가서 눈물의 응급 처치를 받지 않아도 될 만큼 내공이 생겼다는 뜻이니까요.

가족의 '다름'을
정중히 인정하자

우리가 '나'만의 활동을 하고, 나만의 세계를 가꾸기 시작하면, 우리는 가정에서 분리된 자아를 지닐 수 있게 됩니다. 한국 사회가 오랫동안 "여기만 너희들의 자리야"라고 엄마들을 붙잡아 매두었던 지정석에서 분리되는 거지요.

일단 분리되고 나면 자연스럽게 깨치게 됩니다. 가족은 한 몸, 한 덩어리가 아니라는 걸. 가정은 서로 완전히 다른 개성을 지닌 구성원들이, 낮 동안 각각 다른 곳에서 자신에게 걸맞은 활동을 하다가, 저녁이면 한곳에 쉬러 모이는 품이라는 걸. 우리는 다만 그 어울림이 따사롭고 조화롭게 되도록 노력할 따름입니다. 자신만의 독립적인 세계를 가짐으로써, 다른 가족 구성원들의 독립성도 정중하게 받아들이는 거죠.

예를 들어, '나'는 남편의 '다름'을 이렇게 잘 받아들이고 있을 거예요. 그가 이해할 수 없는 행동을 할 때, '저 사람은 왜 저러지?' 고민하느라 힘 빼지 않는 식으로. 대신 '내 남편은 저런 사람이구나!' 관대하게 인정하지요. 그를 바꾸려 들지 않고, 그와 나의 인생을 포개어놓으려 들지 않는 것. 그와 나의 인생이 적정한 거리를 유지하면서 나란히 제 갈 길 가게 하는 것. 때때로 평화로운 지점을 찾아 거기서 만나 안거하는 것. 그게 바로 남편의 다름을 받아들인 것입니다.

시어머니와도 마찬가지예요. 시어머니가 이해할 수 없는 언행을 보일 때 나는 '내 시어머니는 왜 저러지?' 마음 쓰며 힘 빼지 않아요. '내 시어머니는 저런 분이구나!' 다름을 인정하고, "그런데 어머니, 저는 이런 사람이에요" 밝히며 적정한 거리를 유지합니다. 들어드릴 수 있는 요구는 흔쾌히 들어드리되 들어드릴 수 없는 요구는 확실히 거절하면서. 내가 그렇게 명확하게 '나'라는 선을 그으면, (가정과 분리된 자아가 없는) 시어머니는 처음에 자기와 '한 덩어리'로 끌려오지 않는 나를 미워했다가, 내게 싸움도 걸었다가, 발길도 끊었다가, 결국 나의 다름을 인정할 수밖에 없어요. 그렇게 고부관계에서 서로 평화로운 안거의 지점을 찾아가는 겁니다.

예를 들어, 시어머니가 나의 활동(나만의 독립적인 세계)을 못마땅해할 수 있어요.
"너는 왜 요즘 전화할 때마다 없니?"
"아, 어머니, 제가 이번 주부터 월수금 오전에는 책 읽는 모임에 가요."

이렇게 말씀드려 놓아도, 시어머니는 아마 용건이 생각날 때 전화를 거실 겁니다. 그럼 월수금 오전에는 거절 버튼을 누르고 오후에 전화를 드리세요.

"죄송해요, 어머니, '월수금' 오전에는 제가 책 읽느라 전화를 받을 수가 없어요."

열 번이고 스무 번이고 계속 그렇게 하세요.

"너는 왜 그까짓 돈도 안 되는 걸 하느라고 시에미 전화도 제때 못 받냐?"

모진 말씀을 하셔도 똑같이 응대하세요.

"죄송해요, 어머니. 월수금 오전에는 제가 책 읽느라…."

무한반복입니다. 시어머니가 기다리는 법을 배울 때까지. 며느리의 세계를 존중하는 법을 배울 때까지. 그럼 결국 시어머니는 월수금 오전을 피해서 전화하시게 되어 있어요.

'간섭'은 후진국의 단어입니다. 후진국에서는 서로가 서로의 생존에 밀접하게 연관되어 있기에 필히 간섭해요. 하지만 선진국의 가족은 간섭하지 않고 공존합니다. 서로가 서로의 생존에 느슨하게 연관되어 있으니까요. 시어머니가 며느리를 좌지우지하거나 엄마가 아이의 보조자로 사는 것은 더 이상 효과적이지 않습니다. 명분도 필요성도 적기에 역효과만 난다는 뜻이지요. 서로의 인생이 분리되어 있음을 자각하는 것, 각자의 세계를 존중하는 것, 이것이 선진국의 건강한 가족관계입니다.

'나만의 세계'를 지닌 나는, 그렇기에, 자식을 위해 할 일이 무엇인지도 잘 알고 있습니다. 아이의 다름을 인정하기! °

나는 내 친정엄마가 그랬던 것처럼 내 꿈을 자식에게 얹지 않습니다. 내 꿈을 남에게 얹을 필요가 있나요? 이미 내가 원하는 활동을 찾아서 하고 있는데.
또 나는 희생의 대가로 아이들을 내 감정의 펀칭백으로 사용하지 않습니다. 그럴 필요 있나요? 이미 돈과 시간을 쓰며 나 자신을 잘 돌보고 있는데.

이렇듯 나는 가정과 분리가 되었기에 더 좋은 엄마 역할을 해낼 수 있습니다. '최초의 고학력 여성들'답게 자식을 독립된 존재로 존중하는 법을 최초로 실천해내는 거지요. (우리는 나이 들어서도, 자식과 분리된 최초의 멋진 시어머니, 멋진 친정어머니가 될 거예요.)

° 　　　　'나를 찾는 법 1'에서 '애 인생은 애의 것'이라 외쳤던 것이
　　　　분리의 과정이라면,'아이의 다름을 인정하는 것'은 수용의
　　　　과정이에요. 분리해서 떼어놓을 뿐 아니라, 있는 그대로를
　　　　사랑하는 것.

나는 남편이나 시어머니에게 그러했듯, 아이가 성장과정에서 내 예상과 다른 모습을 보여도 그리 놀라지 않을 겁니다. '내 자식은 이렇구나!' 혹은 '이런 아이가 내게 온 거구나!'라고 받아들일 거예요. 물론 나는 아이가 잘못하면 무엇이 옳은 것인지 반드시 이야기해줄 겁니다. 아이가 나쁜 습관을 지녔을 때에도 바로잡기 위해 노력할 거고요. 하지만 교육시스템에 맞춰 아이의 천성을 바꾸려 들진 않을 겁니다. 느긋한 아이를 재빠른 아이로 바꿔놓으려 들거나, 승부욕 없는 아이에게 이기고 돌아오라 다그쳐봐야 서로 피곤해질 뿐이라는 걸, 이미 잘 알고 있으니까요. 나는 내가 나를 존중하듯이, 있는 그대로의 아이를, 아이의 능력과 개성과 한계를 존중해줄 겁니다. 절대 성적분리불안에 걸려 아이 성적을 내 성적으로 동일시하는 어리석음 같은 건 범하지 않을 겁니다. 그건 자식을 숙주로 삶의 의미를 느끼는 무시무시한 '의존'이니까요. 자신만의 독립된 세계가 없는 나약함에서 기인하는 것이니까요.

아이에게 엄마의 도움이 필요할 때에는 언제라도 뛰어가 도와줄 거예요. 그러나 뛰어가기 전에 "혼자 해볼 수 있겠니?"라고 한 번 더 물을 거예요. "혼자 해보겠다"고 하면 비록 미덥지 않더라도 '믿으면서' 과감히 물러날 거예요.

아이에게 엄마의 도움이 필요하지 않을 때에는, 아이가 도움을 청하더라도 정중히 거절할 거예요. 아주 편한 엄마 역할이지요. 내가 내 운전대를 양보하지 않듯, 아이를 조수석으로 밀어내고 대신 운전해주는 짓 같은 건 하지 않는 겁니다.

아이와 나 사이에는 구체적으로 이런 대화들이 오갈 겁니다.
"엄마! 나 학교까지 차로 데려다줘. 지각이야."
"미안, 엄마는 지금 요가 하러 가야 해. 빨리 뛰어가. 그리고 내 일부턴 좀 더 서둘러!"

"엄마, 내 친구는 발레 한대. 나도 하면 안 돼?"
"되지! 하지만 네가 하는 것 중에 뭘 그만둘지 먼저 생각해. 네게 쓸 수 있는 예산은 한정되어 있어."

"준비물로 솜 사오래. 나 바쁘니까 엄마가 사다줘."
"엄마도 지금 활동 리뷰 쓰느라 바빠. 네 준비물은 네가 챙겨야지. 약국에 가면 솜 있어. 간 김에 엄마 비타민도 사다주면 고맙겠다. 눈이 침침하구나."○

○　　　　　　　만약 이 대화가 낯설다면, 이미 아이 운전대를 잡고 있기 때문일 수 있어요. 이것이 지극히 상식적인 엄마와 아이의 대화로 다가올 때까지 반복해서 읽어보시길 권합니다.

이런 대화 속에서, 아이 역시 엄마의 '다름'을 학습합니다. 어떤 일은 하고 어떤 일은 하지 않는 사람인지를. 그런 엄마와 함께 살려면 자신이 어떤 일은 스스로 하고 어떤 일은 도움을 청해야 하는지를. 나아가 자기가 부모가 되었을 때는 어떻게 부모 노릇을 해야 하는지를.

'다름'을 존중하는 가정은 평화롭습니다. 운전대는 각자 잡고, 엄마는 아이에게 풍부한 기본연료만 제공해줍니다. "숙제해!"보다 "숙제 다 하면 아이스크림 먹으며 산책할까?"라고 말해요. 시험점수가 50점이든 100점이든 똑같이 뽀뽀하고 포옹합니다. 밥을 먹을 때면 서로가 서로를 응원하는 대화의 시간을 가져요. 아이가 할 일을 다시 한 번 강조하거나, 아이를 지적하는 시간 대신 말입니다. 방학이 되면 학원공부보다 가족의 시간을 더 가지기 위해 돈을 써요. 인생에서 그런 시간을 가질 수 있는 시기는 한정되어 있고, 그런 시간이 인생에서 가장 소중한 시간이라는 걸 잘 알고 있으니까요.

그 풍부한 가족의 시간 속에서 아이가 어떤 차를 골라 타고, 어떤 방식으로 운전해서, 어느 지점까지 도착할 것인가는 전적으로 아이의 선택에 맡깁니다. 좋은 연료를 풍부히 받은 아이는 아마 튼튼한 차를 타고 힘차게 나아갈 거예요. 부모로서 나름 좋은 연료를 주었다고 생각하는데, 자식이 기껏 똥차를 골라 타면 마음이 아프겠지요. 하지만 모른 척하는 수밖에요. 아이 스스로 똥차의 한계를 느낄 때까지. 끝까지 똥차만 좋대도 그뿐입니다. 거기에 내가 모르는 행복이 있는 거니까요. 부모가 자식 인생에 감 나라 배 놔라 하는 건 우리 부모 세대에서 끝! 우리는 자식 걱정이 될 때마다 거울을 보면서 이렇게 말할 거예요.

나나 잘하자. 나부터 잘하자.

범국민적 질병,
'성적분리불안'을 극복하자

아이의 학년의 높아질수록, 내가 아무리 앞의 '나를 찾는 법'들을 잘 실천하고 있다 해도, 시도 때도 없이 성적분리불안이 나를 파고들 거예요. 담임 교사와 만났거나, 학년 모임에 나갔거나, 아니면 그저 뉴스만 보았어도. 심지어 내가 숨만 쉬고 앉아 있어도 어떻게 내 전화번호를 알았는지 학원에서 '당장 이걸 안 하면 큰일 난다'는 문자를 보내 수시로 내 마음의 평화를 방해할 겁니다. 그러면 성적분리불안이 기다렸다는 듯 가동되기 시작할 거예요. 일단 가동되면, 내가 이미 청소년일 때 뼛속 깊이 각인된 그 '점수'에 대한 강박이 전속력으로 나를 덮칩니다.

그러므로 매일 노력해야 합니다. 새로 밥을 짓듯이, 새로운 마음으로 애 방문 딱 닫고 '내 인생은 나의 것, 애 인생은 애의 것', 기도문처럼 외면서.

그럼 지금부터 적극적으로, 성적분리불안을 극복하는 데 도움이 될 처방들을 알아봅시다.

첫째, 4차 산업혁명을 믿을 것.

우리 아이들은 4차 산업혁명 시대에 태어났습니다. 누구도 시대를 거부할 수는 없어요. 중세 시대에 태어나면 중세 시대 사람이 되는 거고, 르네상스 시대에 태어나면 르네상스 시대 사람이 되는 겁니다.

각 시대는 서로 다른 능력을 요구합니다. 중세 시대에 환영받던 능력은 르네상스 시대에 버림받았어요. 4차 산업혁명을 맞이한 대한민국도 이미 크게 변화하고 있습니다. 고용 구조를 보면 월급쟁이는 줄어들고 프리랜서, 자영업, 해외취업자가 늘고 있어요. 변화는 점점 더 가속화될 거예요.

그렇다면, 4차 산업혁명 시대에는 어떤 능력들이 중요할까요?
체험, 창의력, 추진력.

다양한 온오프라인의 체험을 하고 → 체험을 통해 '한번 이렇게 해볼까?' 아이디어를 얻고 (창의력이란, 플러스알파!) → 아이디어를 끝까지 추진해서 현실로 구현해내는 능력, 이것이 4차 산업혁명 시대에 꼭 필요한 3종 능력 세트입니다.

이 3종 세트는 우리 사회가 우등생에게 요구하지 않는 능력이기도 합니다. 바꿔 말하자면, 입시교육에 적응하는 동안 퇴화되는 능력이란 뜻이지요. 체험 대신 교실에 앉혀 두고, 창의력 대신 주입식 암기를 강요하며, 스스로 추진하게 하는 대신 목표를 정해주고 따라오게 하니까요.

4차 산업혁명에 깊은 관심을 기울이는 엄마라면 이미, 그리고 앞으로는 더욱, 입시육아가 전처럼 유효하지 않음을 깨닫게 됩니다. 그래서 좀 더 마음 편히 학습노동감시자로서의 엄마 역할을 버릴 수 있지요.

4차 산업혁명에 대해 조금만 더 자세히 알아볼까요?

4차 산업혁명을 '혁명'이라 부르는 것은 그야말로 판이 바뀌는 지각변동이 일어나고 있기 때문입니다. 숙박업소를 예로 들어볼게요. 예전에 숙박업소는 전국각지에 흩어져 개별적으로 이용되었어요. 우리는 각 숙박업소에 들어가 본 후에야 그곳이 어떤 곳인지 알 수 있었지요. 하지만 지금은 전국의 (심지어 전 세계의) 숙박업소들이 앱으로 통합되었어요. 우리는 여러 숙박업소에 대한 정보를 사전에 비교한 뒤 마음에 드는 것을 선택해서 이용합니다.

숙박업소뿐만 아니라 기존에 우리가 이용했던 모든 상품과 서비스들이 이처럼 기존 사용법을 벗어나 새롭게 해체되고 묶이는 중입니다. 엄청난 시장의 변화이자, 라이프스타일의 변화, 즉 판이 바뀌는 지각변동 맞지요?

이 시기에 힘을 갖는 사람은 누구일까요? 판을 볼 줄 아는 사람입니다. 판은 어떻게 보냐고요? 두 가지 방식이 있습니다. 판 안에서 굴러보거나, 판 밖에서 구조를 분석하거나. 구조를 분석하는 사람들은 대개 가방끈이 긴 사람들입니다. 전문적인 지식을 가지고 자료를 분석해서 판 안으로 들어오지요.

하지만 안에서 '굴러본' 사람들은 가방끈과 아무 상관이 없어요. 직접 굴러본 체험이 중요합니다. 숙박앱 '야놀자'의 이수진 대표가 그 좋은 예입니다. 그는 할머니 밑에서 자라며 초등학교 5학년이 되어서야 한글을 깨쳤어요. 잘잘 곳도 변변히 없던 그는 일이 안 풀릴 때마다 모텔에서 청소를 하고 손님을 받으며 숙식을 해결했어요. 이 체험을 바탕으로 플러스알파의 창의적 아이디어를 얻었고, 추진력 있게 밀어붙여 오늘의 '야놀자'를 탄생시켰습니다.

지금 '야놀자'는 명문대 출신의 전문경영인이 이끄는 '여기어때'와 경쟁하고 있습니다. 이렇듯 4차 산업혁명 시대에는 체험이 학벌과 동등한 능력이 됩니다. 아니, 체험을 통한 '나만의 스토리'가 있는 창업자가 단순히 학벌만 있는 창업자보다 더 많은 투자자들을 끌어모으죠.

저는 엄마들에게 청년 창업자들이 만든 스타트업들을 유심히 살펴보시라 권합니다. 바로 미래의 직업과 인재상이 보이기 때문이죠. '곰세마리'라는 꿀술을 만들어 빅 히트를 친 세 젊은이들 이야기를 들어볼까요? 대표 유용곤 씨는 스물여덟 살이던 2014년에 자신이 자주 하던 온라인 게임에 등장하는 꿀술의 맛이 너무나 궁금했어요. 그래서 그 맛을 상상하고 또 상상하다가 직접 술을 만들어보기 시작했지요. 이 과정에서 필요했던 건 대학 졸업장이었을까요, 아니면 체험, 창의력, 추진력이었을까요? (게임에만 빠져 사는 아들을 바라보는 부모 마음은 어땠을까요?)

해외취업 사례도 마찬가지입니다. 한국에서 평범한 대학을 졸업한 S는 2018년 일본 유수 기업에 한국의 명문대생들을 제치고 선발되었어요. 외국 사람들 눈에는 SKY 졸업생이나 그 외 대학 졸업생이나 큰 차이가 없어요. 자기네 회사에 와서 잘 적응하고 일 잘할 사람이 중요할 뿐입니다. S는 어릴 적부터 스스로 일본 문화에 관심을 갖고 매일 일본 드라마나 일본 소설을 봤어요. (성적분리불안을 가진 부모라면 그때 옆에서 얼마나 훼방을 놓았겠어요?) 대학 시절에는 수시로 일본을 여행하며 문화적 밀착력을 키웠고요. S는 면접에서 월등한 점수를 받을 수밖에 없었습니다. 개성 없는 우등생보다 열정적인 덕후가 선발되는 세상이 온 거지요.

프리랜서 사례는 또 어떤가요? 국내 웹툰시장 규모는 2013년 약 1,500억 원이었던 것이 2018년에는 8,805억 원에 육박할 것으로 예상됩니다.° 우리 학창시절에도 선생님 설명은 안 듣고 구석 자리에서 노트 귀퉁이에 그림만 그리던 아이들이 있었어요. 그 아이들이 시절을 잘 만났다면 지금의 웹툰 작가들이 되었을 겁니다. 생각해보면 그 아이들이야말로 지독히도 '창의적이고 추진력 있는' 아이들이었어요. 당시엔 선택지가 공부 하나밖에 없었기에 그 훌륭한 창의력과 추진력이 묵살되었던 거고, 지금은 다종한 아이들이 보다 다종한 방식으로 먹고 살 수 있는 여건이 생겨난 거지요. 한마디로, 4차 산업혁명 만세!

둘째, 내 아이를 객관적으로 파악할 것.

만약 내 아이가 문제집 비슷한 것만 봐도 슬금슬금 도망가면°° 입시육아와는 맞지 않는 아이일 확률이 높습니다. 엄마는 이렇게 생각해야 해요. '4차 산업혁명도 왔겠다, 잘됐다. 체험하며 즐겁게 살자.' 이렇게 결심하는 순간, 육아는 훨씬 즐거워질 겁니다. 가족끼리 영화를 보고 소감을 나눌 거예요. 같이 장을 보고 요리를 할 거고요. 가족여행을 떠나 집에서는 미처 발견하지 못

°   한국콘텐츠진흥원 '2018 웹툰 사업체 실태조사 보고서'
°°   중빈이도, 앞에서 나온 롤언니의 아들도 딱 이랬어요. 사실 열 중 아홉은 이런 아이들이지요. 지극히 정상적인 아이들. 솔직히 문제집보다 디즈니 영화가 재미있잖아요.

했던 소중한 내면도 공유할 거예요. 케이팝 스타 공연장에서 함께 소리도 지를 거고, 할머니의 텃밭에서 토마토를 함께 따기도 할 거예요. 약자를 찾아 봉사하며 사회적 문제의식도 키우고 직접 문제를 해결해보기도 할 겁니다.

이 모든 체험들 속에서 아이는 (다른 아이들과 비교했을 때가 아니라) 자신이 지닌 능력들을 비교했을 때 상위 1%에 해당하는 능력을 찾아낼 거예요. 그것으로 4차 산업혁명 시대에 어떤 진로를 꿈꿀 수 있을까 부모와 자주 상의할 거예요.

또 아이는 행복이나 보람 같은 '사는 맛'을 직접 느끼게 될 거예요. '사는 맛'을 느껴 본 아이만이 스스로 '사는 맛'을 느끼며 살 궁리를 합니다. 플러스알파의 아이디어도, 추진력도, 모두 그 안에 들어 있습니다. 부모는 그저 아이를 믿고 지지해주며 이 즐거운 가족의 시간을 누리면 됩니다.

어느덧 대한민국 공시생 수는 약 44만 명에 육박하고 있습니다.° 2017년 수능 응시자 수가 약 60만 명이었는데 말이에요. SKY대를 나왔든 지방대를 나왔든 고교 동창들이 공무원 시험

° '공무원시험준비생 규모 추정 및 실태에 관한 연구', 《현대 사회와 행정》 제28권 제1호, 2018

장에서 만난다는 이야기가 생길 정도입니다. 이 판은 더 이상 아이들을 억지로 밀어 넣을 판이 아닙니다. 아이 스스로 뚜렷한 목표가 있을 때 자진해서 진입해야 하는 판입니다.

사실 이미 우리는 이 변화를 눈치채고 있어요. 예를 들면, 다가올 시대에 받아쓰기 따위는 전혀 중요하지 않다는 걸. 우리가 사용하는 한글프로그램은 이미 오래전부터 맞춤법을 자동 수정해주고 있잖아요. 그래서 우리는, 특히 자녀 초등학교 입학에 맞춰 직장을 그만둔 (대체 이 공식은 누가 만들었을까요?) 엄마는, 집에서 아이 받아쓰기를 봐주다가도 이 낡은 교육방식이 아이에게까지 이어지는 것에, 자신의 인생이 다시금 거기 볼모 잡힌 것에 불쑥불쑥 화가 나기 마련입니다.

그러니 아이가 받아쓰기 '60점'을 받아온 날, 만약 직장맘이라면 회사를 그만두지 마세요. 회사에서 더 자주 전화하며 아이를 감시하지도 마세요. 만약 전업맘이라면, 그 자리에서 애를 잡지 마세요. 신세를 한탄하거나 너무 태만했다고 자책하지도 마세요. '지금이 사진 배울 때냐?' 후회하며 어렵게 사둔 카메라를 환불하지도 마세요.

그저 담담히 눈앞에 벌어진 일을 바라보세요. 아이는 때가 되어, 이 불행한 입시제도에 발을 들여놓았을 뿐입니다. 오래전 내가 그랬던 것처럼. 그때에 내 엄마가 회사를 그만두지 않아서, 혹은 사진을 배워서 내가 서울대 갈 걸 못 간 건 아니었어요. 그때에 내 엄마가 날 쥐 잡듯이 잡아서 내 인생이 훌륭해진 것도 아니었어요. 그저 이 후진 교육제도가 시간이 지나도 계속 후질 뿐인 거예요. 여전히 아이들의 다종한 재능을 격려하는 데 무능하고, 아이들을 한 줄로 세워 한 가지만 가르치며, 줄 맨 앞에 선 극소수만 성적순으로 데려갈 뿐인 거예요. 그 외중에 무능한 교육제도보다 대한민국의 경제구조가 먼저 바뀌었고, 세상의 흐름이 먼저 바뀌어 4차 산업혁명이 온 거지요. 그러니 아이가 60점을 받아온 날, 내가 해야 하는 건, 바로 이것뿐입니다.

셋째, 수시로 식탁을 빠져나와 전체를 조망할 것.

상황을 성숙한 시선으로 바라보고 마음을 다잡는 거지요. 내가 잘 살고 있음을 믿고, 내 어여쁜 아이도 잘 자라고 있음을 믿는 거예요. 내가 해왔던 어떤 것도 급하게 버리지 말고, 남이 하는 어떤 것도 갑자기 따라 하지 말며, 이렇게 또 한 번 믿음을 주는 겁니다.

'아이는 괜찮아. 밝고 건강해. 아무 문제가 없어.'
'나도 괜찮아. 내 삶을 잘 주도하고 있어.'

그래서 60점 시험지를 손에 쥐고, 침을 꼴딱꼴딱 삼키며 나를 초롱초롱한 눈으로 올려다보는 아이에게 이렇게 말하는 거예요.

"괜찮아. 새롭게 뭘 배운다는 건 누구에게나 어려운 거야. 잘해낼 수 있을 때까지 노력이 필요할 뿐이지. 엄마도 다음주부터 사진을 새로 배우기 시작해. 아마 사진이 멋지게 나올 때까진 굉장히 노력해야 할 거야. 여러 번 열심히 찍어보고 나서 잘 나온 게 있으면 우리 ○○에게 보여줄게. 우리 ○○도 맞춤법 공부할 겸 가서 책 두 권만 읽고 잘래? 우리 '각자' 노력하자."

교육제도, 나, 아이 중에서 오늘 내가 바꿀 수 있는 건 나뿐입니다. 내가 주눅 든 애 등 뒤에 올라타서 내 엄마가 들었던 낡은 채찍을 든다면, 중간고사와 기말고사를 주기로 '엄마의 20년'이 지나가버릴 거예요. 아등바등 불행한 엄마 역할로 꽉 채운 20년이.

다시 한 번!

아이에게 시험과 시험을 전전하는 것 말고도, 이 넓은 세상에는 다양한 할 일들이 있고, 그중엔 아이의 재능과 선호에 맞는 일이 반드시 있으며, 그것은 저마다의 부지런한 탐색을 통해서만 찾아진다는 것을 알려주세요.

어떻게?

엄마부터 무언가를 배우러 나감으로써. 엄마가 먼저 자신의 재능과 선호에 맞는 일을 찾아 보람을 느껴야 아이에게도 그것이 소중하다고 안내해줄 수 있으니까요.

넷째, 불안의 티파티, 학부모 모임에 자주 가지 말 것.

성적분리불안에서 벗어나고 싶다면, 학부모 커피 모임°에 되도록 가지 않는 걸 권합니다. 교육기관에서 공식적으로 학부모를 소집하는 모임이 아닌, 학부모들이 카페에서 커피 놓고 이야기하는 사적인 모임을 말합니다.

안타깝게도 대한민국 학부모들의 커피 모임은 친목과 멀어졌어요. 입시육아의 긴장을 혼자 견딜 수 없어 모이는 '불안의 티파티'가 된 지 오래입니다. 자녀가 한 학급에 있다는 것 외에는 생의 공통분모가 없는 이들이 모여, 학급이 바뀌면 소멸될 관계를 일시적으로 유지하는 경우가 많지요. 내 애와 네 애를 비교하며 안도하거나 시기하거나 담합하는 장이 된 경우도 허다합니다. 매우 슬픈 현실이지만, '교실'이 오랜 시간에 걸쳐 '경쟁터'로 전락해버렸다는 것을 감안하면 이상할 것도 없는 현실이에요.

°　　　　　　　공동육아나 대안학교 등 공동체적 성격이 강한 기관의 사적인 학부모 모임은 여기서 제외됩니다.

아이들끼리 친구라는 이유로 엄마들끼리도 친구가 되는 건 유아기일 때로 족합니다. 저는 그 시기조차도 인생관이나 육아관이 비슷한 사람끼리 적극 공동체를 만들 것을 권했어요. 그런데 하물며 다 큰 아이의 학부모 모임에 가서 '타인의 시선으로' 내 아이의 상태를 점검하고 점검당하며 불안에 떨 필요는 없을 겁니다. 나는 내 식으로 나의 가치에 맞게 아이를 키우고 있으니까요.

혹시라도 그 자리에 안 가면 중요한 정보를 놓칠까 봐 걱정되세요? 거기서 학부모가 모르면 큰 손해가 나는 일급비밀은 오가지 않습니다. 그런 게 있다면 모여서 불안에 떨 리가 없지요. 주로 오가는 것은 무성한 '카더라' 입시정보와 (어떤 아이에겐 잘 맞았지만 어떤 아이에겐 안 맞기 십상인) 학원정보가 오갈 뿐입니다. 그 학원정보마저 누구는 알려주고 누구는 알려주지 않는 식으로, 굉장히 치사하게 주어질 거예요.

학교에서 공식적으로 학부모를 소집할 때는 꼭 참석하세요. 그 자리에서 내 아이와 친한 친구의 부모와 인사도 나누고 연락처도 교환하세요. 그 정도면 충분합니다. 학교 일에 궁금한 게 있으면 공식적인 루트를 통해서 질문하는 게 좋습니다. 학교 담당자나 담임 선생님에게 전화하거나 메일을 보내는 것이지요. 또 학교에서 행사를 주관할 때엔 반드시 1/n로 동참하여 내 몫을

다 하세요. 그러나 딱 거기까지만.

우리 삶에 행복을 가져다주는 건, 한 학기 뒤면 필요 없어지는 정보가 아닙니다. 평생에 걸쳐 추구하는 가치, 그 가치에 영양분을 공급해주는 지속적인 활동, 그리고 그것을 함께해주는 친구들입니다.

강연장에서 만난 세 아이의 엄마 E가 떠오릅니다. 어느 날 E가 제게 상의할 게 있다고 했어요. E는 학부모 모임에 나가서 어울리는 게 힘들다고 털어놓았어요. 엄마들이 내내 애들 얘기밖에 하지 않으니 지루하고, 자신이 보기엔 불필요한 정도로 애들 일에 개입하고 있어서 도저히 공감할 수도 없다는 거였어요. 하지만 E가 그런 의견을 개진하면, 엄마들이 도리어 "너무 아이에게 무관심하다", "그러다 후회한다"며 자신을 공격해오니 어떻게 해야 할지 모르겠다고 했어요.

나중에 알게 된 것이었지만, 그건 당연한 현상이었어요. 그녀는 이미 '내 세계'를 찾아냈고 거기서 '내 식으로' 활동하고 있었거든요. 그녀에겐 활동을 발전시켜갈 활동친구들이 필요했던 거예요. 조연으로서의 대화만 오가는 학부모 모임 자리는 당연히 지루할 밖에요. 그렇지만 다수가 자발적으로 조연이 되는 환경 속에서, E는 주인공이 되고자 하는 자신의 욕망을 정확히 인지할 수 없었어요. '내가 잘못되었나?' 그렇게 생각했지요.

그로부터 며칠 후, 다시 강의가 있었어요. E는 용기를 내어 강연 중 자신의 이야기를 들려주었어요. 그리고 강연장의 모든 엄마들로부터 박수갈채를 받았지요.

"저는 폭압적인 시어머니와 효자 아들인 남편 사이에서 세 아이를 낳고 키웠어요. 고부관계에서는 그저 참고 또 참았어요. 한 번도 내 편이 되어주지 않는 남편과는 점점 무덤덤해졌어요. 그런데 어느 날부터 남편이 눈에 띄게 생기발랄해졌어요. 뭔가 이상해서 알아봤더니, 젊은 여직원과 매일 아침 카풀을 시작했던 거였어요."

그녀는 이 단계에서 싸움으로 시간을 낭비하지 않았어요. 그녀는 자신에게 흥미를 잃은 남자를 붙잡고 관심을 구걸할 마음이 없었거든요. 또 그녀는 부부상담 같은 걸 시작할 만큼 남편을 향한 열의가 없는 상태임도 인정했어요.

그래서, 그녀는 자신을 먼저 돌아봤어요.

"내게 생기를 주었던 건 뭐지? 닥치는 대로 책을 읽으면서 질문해봤어요. 그러다 소희 님 책을 봤어요. 여행이었어요. 너무 좋아했는데 아이를 낳고 포기했던 거지요. 애를 데리고 갈 수도 있구

나. 꼭 돈이 많이 드는 여행만 있는 건 아니구나. 나라고 못할 거 없다!"

그녀는 준비했어요.

"나라에서 주는 양육비를 여행자금으로 차곡차곡 모았어요. 충분히 모았을 때 남편에게 다녀오겠다고 선언했어요. 무슨 돈으로 여행을 가냐는 남편에게 돈을 보여주자 찍소리도 못했어요. 나머지 방해물들도 싹 무시했어요. 일단 떠났어요. 여행은 생각처럼 쉽지 않았어요. 하지만 아이들과 저 사이에 적정한 거리를 두는 법을 터득한 뒤부터 쉬워졌어요. 그때부터 즐길 수 있었어요."

그녀는 지속했어요.

"이제는 매년 여행°을 떠나요. 다녀오고 나면 훨씬 잘 살아져요. 남편도 그걸 피부로 느끼니 잘 다녀오라고 응원해줘요."
이쯤 되면 카풀이 어떻게 되었는지 그런 구질구질한 뒷얘기는 궁금하지도 않아요. 우리가 관심 있는 건 한 남자의 욕망이 어떤

°   E의 이야기에서 '여행'은 매개어일 뿐입니다. 등산, 독서, 바느질, 자격시험, 요리 등 현재 내가 하고 있는 '인생활동'으로 얼마든지 교체해서 응용하면 돼요.

식으로 오락가락했는가가 아니라, 한 여성이 어떻게 어려움 속에서도 자신만의 세계를 굳건히 세웠으며, 그 세계에서 그녀가 성장을 거듭한 덕분에 그녀의 가정이 얼마만큼 생기를 되찾았나 하는 것이니까요.

당연한 이야기겠지만, 그녀는 점차 학부모 모임으로부터 멀어졌어요. 그날 박수를 받은 것처럼 자신의 세계를 지지해줄 사람과 장소를 더 적극적으로 찾아다니기 시작한 거지요. 그리고 이듬해, 그녀가 다시 제게 놀라운 소식을 전해주었어요. 그동안 여러 강의를 들었는데 그중 문화기획 강의를 너무나 재미있게 들었고, 이후 한 문화행사공모전에 '엄마들의 방학'이라는 기획안을 응모해서 당선되었다는 거였어요. 그녀는 군 예산을 받아 브런치가 차려진 멋진 공간으로 40명의 엄마들과 저를 초대해서 크나큰 휴식과 위로를 선사해주었어요. 마이크를 잡고 행사를 진행하던 그녀의 상기된 뺨은 어찌나 아름다워 보이던지!

아이가 내 품에 있는 시간은 생각보다 길지 않습니다. 성적분리불안일랑 저 멀리 던져버리세요. 긍정의 힘으로 아이를 바라본 엄마 아래서 아이가 잘못됐단 얘기를 들어본 적이 없어요. 딱히 좋다는 교육을 따로 안 시켰어도 말이지요. 부정의 힘으로 아이를 바라본 엄마 아래서 아이가 잘됐단 얘기를 들어본 적이 없어요. 온갖 좋다는 교육을 다 시켰어도 말이지요.

그러니 언제나 내게서 좋은 것을 끌어내는 사람들과 시간을 보내세요. 내가 집으로 돌아왔을 때 내 아이에게 더 많은 사랑을 퍼붓게 해주는 사람들과.

엄마 활동의 꽃,
가족문화의 탄생

엄마의 활동은 처음엔 잘 보이지 않아요. 하지만 꾸준히 하다 보
면 점진적으로 다른 가족 구성원들에게 영향을 미치기 시작해
요. 그러다 어느 날, 수면 위로 모습을 드러낸 고래 등처럼 온 가
족을 태우고 앞으로 쑥쑥 나아갑니다. 엄마의 활동이 '가족문화'
가 되는 순간이에요.

제 경우, 남편이 점차 '여행'이라는 제 활동 속으로 들어오기 시
작했어요. 아이와 여행을 마치면 저는 늘 싱그런 에너지로 충만
해졌고 집으로 돌아와서 그것을 남편에게도 나눠주곤 했거든요.
그러자 남편도 회사를 그만두거나 이직할 때 저처럼 제3세계로
여행을 가고 싶어 했어요. 그럴 때 저는 남편에게 일단 혼자 다
녀오라고 권했어요. 내내 조직에서 부대꼈을 테니 조용히 자신
의 목소리를 들어줄 시간이 필요할 것 같아서요. 히말라야, 파타
고니아 같은 곳에서 남편은 문자를 보내오곤 했어요. '몸과 마음
이 지극히 평화롭다.' 시간이 지난 뒤 남편이 말하더군요. "회사
를 그만두고 불안했던 시절마다 떠났던 그 여행들이 나를 더 큰

사람으로 만들어주었다"고.

남편과 저는 서로 매우 다른 사람이었지만 공통의 가족문화 속에서는 깊이 교감했어요. 시간만 나면 가족여행을 계획했고, 집이나 차보다도 여행에 먼저 돈을 썼어요.

부부가 함께 떠날 형편이 안 되면, 남편이든 아내든, 떠날 형편이 되는 사람 먼저 떠나게 하세요. 집단적인 사회일수록 이합집산이 자유로워야 구성원들이 숨을 쉽니다. 다만, 순서대로 떠나야 공평하고, 떠난 사람은 반드시 돌아와서 충전된 에너지를 못 떠난 사람에게 나눠주어야 공평해요.

그렇게 여행이 '가족문화'로써 중추역할을 하고 있었기에, 아이가 컴퓨터만 붙잡고 방문 밖으로 잘 나오려 들지 않던 사춘기 때도 "여행 가자"는 말에는 일어섰어요. 그 여행에서 페르마타 하티 보육원 아이들을 만나 방학마다 한 뼘씩 성장했고, 그것을 지속하는 가운데 자신의 진로까지 결정하게 되었으니, 아이에게 가족문화가 어떤 긍정적인 영향을 미쳤는지는 더 말할 것도 없을 겁니다.

그런저런 이유를 다 떠나서 돌아보면, 저희 가족의 가장 찬란했던 순간은 모두 그 가족문화 안에 있었어요. 돈이 있으면 있는 대로, 없으면 없는 대로, 어떻게든 떠나 모험을 하고, 살을 부비며 낄낄대고, 지지고 볶으며 싸우고, 서로의 눈을 바라보고, 서로에게 100% 충실했던 순간들 속에.

지금도 저희 가족이 '최고로 잘한 일'로 꼽는 것은, 일 년 넘는 남편의 실직 기간 동안 "그래도 지금 안 가면 나중엔 못 간다"며 마이너스 통장의 바닥까지 박박 긁어 떠났던 장기여행이랍니다. 그때 제가 하도 싼 음식만 먹어서 남편이 반란을 일으킨 일, 온 가족이 기적처럼 고래상어를 만난 일, 매일 저녁 동네 아이들과 함께 음악을 연주하던 일은 돌아볼 때마다 생생한 웃음을 선사하지요. 그야말로, 금은보화 같은 추억입니다.

만약 엄마의 활동이 '바느질'이라면 가족문화로 확장하긴 쉽지 않을 거예요. 그럴 땐 앞에서 언급한 요리, 영화, 산책 등 '가족의 시간' 중에서 모두 같이 즐기는 활동이 무엇인가 유심히 관찰해 보세요. 그리고 그 활동을 온 가족이 모여 정기적으로 하면서 가족문화를 만들어가는 방법을 권합니다.

모두 영화를 좋아한다면 매주 금요일 밤 온 가족이 거실에 모여 영화를 보는 식으로 시작하는 겁니다. 부모와 아이가 순서대로 'My week'를 정해 한 주씩 돌아가며 자기가 보고 싶은 영화를 선택하게 하는 거예요. 이때, 부모가 아이에게 교육적인 영화를 보이려는 흑심을 품으면 이 '금요영화관'은 금방 문을 닫을 거예요. 아무리 다른 사람이 고른 영화가 내 취향에 맞지 않아도 군말 없이 같이 봐줘야 합니다. 아무리 유기농만 먹이는 엄마라도 이때는 팝콘과 치킨을 준비하는 거고, 아무리 깔끔한 엄마라도 이때는 거실 바닥에 이불을 펴주는 거지요. 아빠 역시 제아무리 중요한 '불금 회식'이 있어도 제때 들어와야 합니다. 아이 시험 기간에도 영화관은 문을 닫지 않아야 해요. 그래야 이 모임이 지속됩니다.

이것 한 가지만 '꾸준히' 해도 즐거운 추억이 굉장히 많이 쌓일 거예요. 가족 간에 할 이야기도 굉장히 많아질 거고요. "이번 주엔 뭘 볼 거야?", "그 영화는 결말이 너무 이상하지 않았어?", "아빠, 점점 그 영화주인공을 닮아가는 거 알아?" 등등.
물론 이것 한 가지만 꾸준히 하는 일조차 아이들이 고학년이 될수록 굉장히 어려울 거예요. 그 어려운 일을 아이가 고등학교 졸업할 때까지 쭉 해낸 한 가족이 있어요. 그 집 아이가 영화감독이 되기 위해 영화학과를 선택한 건 그저 우연은 아니었을 거예요.

저는 이 책에서, 엄마가 엄마의 활동을 그럴듯한 가족문화로까지 확대해야 하며 아이가 그 안에서 진로까지 찾아야 한다는 부담을 주려는 의도가 전혀 없습니다. 그 반대예요. '엄마의 활동'

이란, 제아무리 가족들 눈에 안 띌 정도로 미미한 경우에도 그 영향력이 가족 모두에게 미칠 수밖에 없다는 것을 강조하려는 거예요.

예를 들어, 엄마가 활동을 하면서 전시회, 돈, 자격증 같은 걸 하나도 건지지 못했다 가정해봅시다. 엄마가 활동을 마치고 집으로 돌아왔을 때 그저 활기에 차서 씩 미소만 지었을 뿐이라고 가정해보자고요. 그 미소는 엄마가 그날 하루치 열심히 가꾼 긍정의 힘이에요. 그날의 대단한 수확물인 거지요. 엄마가 먼저 아이에게 미소 지으면 아이는 반드시 엄마에게 미소 지을 거예요. 가족 전체가 그렇게 서로 사랑하는 눈부신 순간들을 (엄마가 활동하지 않았을 때보다 훨씬 많이) 공유하게 될 거예요. 그것만으로도 '긍정의 문화'라는 가족문화를 저절로 이루게 되는 겁니다.

엄마의 활동은 어떤 식으로든 한 가정에 문화를 형성합니다. 그 문화가 뚜렷이 자리 잡을 경우, 다시 자식이 자기 자식에게 그것을 대물림하게 되어 있어요. 한 가정의 문화가 '전통'으로 거듭나는 순간이지요. 경제만 선진국으로 진입한 대한민국에 지금 꼭 필요한 것이 바로 이 '가족문화'라고 해도 과언은 아닐 겁니다.

다만, 이 말씀은 미리 드리고 싶네요.
문화는 오랜 시간에 걸쳐 생겨나니 인내심을 가져야 한다는 것.

얼마나 오래 걸리냐고요?

어린아이가 성인이 될 만큼 오래 걸려요.

어릴 때부터 가족문화에 노출된 아이는 스펀지가 물을 흡수하 듯 그것에 젖어들 거예요. 하지만 그 가치를 스스로 깨닫기 위해 서는 먼저 성숙해야만 합니다. 특히 우리나라처럼 주변 가족들 대부분이 획일적인 입시문화에만 젖어 있다면, 아이는 자기 가 족문화의 장점을 제대로 파악하는 데 더 많은 시간을 쓸 수밖에 없어요. 가치가 획일적인 사회에서는 남들과 다른 가치를 지니 는 일 자체가 용기일 수도, 스트레스일 수도, 불안감일 수도, 자 긍심일 수도 있거든요. 이 모든 복잡한 단계를 거친 뒤 아이는 천천히 자신에게 주어진 가족문화의 의미를, 그것이 궁극적으로 수여하는 'THE 가치'를 알아볼 수 있게 된답니다.

중빈이도 그랬어요. 사춘기 때까지만 해도 학교에서 중빈이가 하는 가난한 여행이나 칙칙한 보육원 방문을 부러워하는 친구 들은 없었지요. 또래 남학생들이 하는 것은 주로 세 가지였어요. 공부, 게임, 운동. 아들이 만약 "나는 보육원에서 봉사하는 걸 좋 아하고 그건 가치 있는 일이야"라며 교실에서 자신을 드러냈다 면, 그건 친구들이 고깝게 보기 딱 좋은 비사교적 접근법이었을 거예요. 공부, 게임, 운동 중에 어느 것 하나 뛰어난 것 없던 아들은 그 시기를 존재감 없이 보냈어요. 아들은 고등학생이 되고 나서야 학원에 다녔기 때문에 그 이전까진 방과 후 아이들과 어울릴 기회도 적었어요. 방학 때는 페르마타 하티에 머물렀으니 또 아이들과 어울릴 수 없었지요. 아들은 보육원에서 열정적이면서도 행복한 시간을 보냈고, 그것 자체를 굉장한 보람으로 여겼지만, 그것은 돌아와서 급우들과 공유할 수 없는 단절된 경험이었어요.

사춘기가 끝나고 고등학생이 되자 아이들은 자신의 미래에 대해 고민하기 시작했어요. 아들의 봉사활동이 꾸준하게 성장하자 친구들이 관심을 갖기 시작했어요. "난 뭘 해야 좋을지 모르겠어. 넌 여행도 하고 봉사라도 다녔지. 난 학원만 다녔잖아." 성적, 힘, 외모, 부모의 재력 같은 것이 아닌 자기만의 '경험'으로 아들은 아이들에게 존재감을 인정받기 시작했어요. 활동이 꾸준하니 선생님들도 칭찬해주시기 시작했지요. 큰 상도 여럿 받았어요. 시상식장에 가면 심사위원 교수님들이 "너 같은 아이가 우리 대학에 꼭 필요하다"고 응원해주시기까지 했지요.
외부로부터의 인정과 지지를 통해 아이는 가족문화에서 비롯된 이 활동이, 너무 어릴 적부터 시작되어서 그저 설날에 떡국을 맛있게 먹는 것처럼 당연하게만 여겨왔던 이 활동이, 어떤 의미를 지녔는지 더 객관적으로 인식하기 시작했어요. 그것이 자신의 정체성에 큰 근간을 이루었으며, 나눔이라는 'THE 가치'가 (보육원 아이들에게뿐만 아니라) 자기 인생에 정말로 '가치'를 가져다주었다는 것도 알게 되었지요.

아이가 자신만의 활동을 안정적으로 쌓아가는 게 보이면, 입시 중심 사회가 제아무리 불안을 부추겨도, 부모는 '괜찮아. 우리 아이는 잘 크고 있어' 소신껏 키우기가 한결 쉬워져요. (엄마가 자신의 활동이 눈에 보이기 시작하면 지속하기 더 쉬워지는 것과 같은 이치입니다.) 아이 스스로도 '난 괜찮아. 잘 살고 있어'라고 안심할 수 있게 되지요.

다른 아이들이 모두 학원으로 갈 때 혼자 보육원으로 향하는 아들의 발걸음이 점점 가벼워졌어요. 아니, 가벼워지는 정도가 아니라 거의 못 가서 안달이 났다고 해야겠네요. 해가 갈수록 보육원 아이들이 아들을 가족처럼 반겨주었기에 아들은 방학이 다가오면 기말고사를 치르면서도 "아이들 볼 생각만 하면 가슴이 뛰어!"라고 말할 정도가 되었지요.

서로가 서로를 그리워할수록 더 멋진 결과물이 나오는 건 당연했습니다. 2016년, 아이들은 '탈렌트쇼'라는 음악공연을 만들어 무려 천만 원에 이르는 티켓을 모두 팔았어요. 이후 아들은 고작 학생 신분인 자신이 아이들과 이 정도 결실을 만들었는데 더 다양한 재능을 가진 분들이 오시면 아이들에게 얼마나 큰 발전을 가져다줄지 생각하게 되었어요. 그것이 '발런트래블링'이라는 봉사 프로그램의 시작이었지요. 아들은 보육원에서 봉사하고자 하는 분들과 밤새워 수백 통의 메일을 교환했어요. 정말로 멋진 분들이 보육원에 오셔서 아이들을 위해 감동적인 수업을 해주셨지요. 그분들의 격려가 커다란 동기부여가 되어 아들은 점점 더 많은 일들을 해냈어요. 짬짬이 아이들과의 이야기를 써서 책으로 묶었고 그 인세를 전액 보육원에 기부했어요. 그럴 때 아이는 진심으로 기뻐했어요. "아빠가 된 기분이야. 집으로 돈 벌어 오는 아빠들 마음을 알 것 같아."

당연한 말이지만 자녀들은 가족문화에서만 영향을 받는 게 아닙니다. 또래문화에서 더 큰 영향을 받기도 해요. 다양한 채널을 통해 다양한 문화를 흡수하는 건 바람직한 현상입니다. 아이가 그중 어떤 문화를 준거로 삼아서 어디로 튀든지 간에 (그건 아이의 자유겠지요) 한 가지만큼은 분명합니다. 좋은 가족문화는 아이가 항상 새로운 문화를 '영양가 있는' 방식으로 흡수하게 도와주는 든든한 토양이 된다는 것.

가족문화가 제대로 자리잡게 하려면,
민주적으로 하세요.

아이의 의견을 어른의 그것과 똑같이 중요하게 반영해야 합니다. 예를 들어, 일곱 살짜리가 아프리카에 음악을 선물하겠다 하면 바이올린을 들고 가게 허락해주는 겁니다. 엄마의 아이디어가 연약한 아기와 같다면, 어린아이의 아이디어는 그보다 더 작고 연약한 수정란과도 같아요. 그것이 어디에 착상되어 생명으로 자라날지 우리는 알지 못하지요. 황당하거나 유치하더라도 부모가 가능한 방법을 진지하게 고민해줄 때 아이들은 더 자유롭게 의견을 개진합니다.

수평적으로 하세요.

위계 없는 친구이자 탐험동료가 되어야 합니다. 아빠가 "지금부터 내가 너에게 서예를 가르쳐주겠다" 하는 식이 되어선 안 돼요. 일방적인 전수가 아닙니다. 어른과 아이 모두 처음 해보는 모험의 영역을 정해서 매번 울고 웃으며 함께 배워나가는 게 좋습니다.

유연하게 하세요.

구성원의 관심도가 수시로 바뀔 수 있어요. 아이뿐 아니라 때로는 어른도 나름의 이유로 가족활동이 심드렁해질 수 있어요.°

솔직히 중빈이가 보육원 아이들과 처음 만나 음악을 만들 때 제가 그랬습니다. 그때쯤 이전에 제가 제3세계에 지었던 도서관들이 제대로 활용되고 있지 못하다는 소식이 들려왔어요. 모든 노력이 헛수고처럼 여겨졌고, 장차 '나눔'을 어떻게 해나갈지 갑갑했어요. 게다가 아이는 어느새 중학생이 되었고, 친구들이 모두 학원에 있는 방학에 다시금 저와 함께 제3세계의 보육원에 와 있는 거였죠. 과연 나는 옳은 일을 하는 걸까? 아이를 제대로 키우고나 있는 걸까? 저는 다분히 회의주의자가 되어 보육원 구석자리에 앉아만 있었어요. 아이들이 쿵짝쿵짝 음악하는 것을 '저건 또 어떻게 되려나?' 하는 마음으로 지켜만 보았지요. 그런데 그 공연이 점점 지역사회에서 인기를 끌기 시작한 거예요. 아이들이 자신들만의 힘으로, 어른인 저에게 나눔의 지속가능성을 알려준 거지요.

그러므로 가족 중 누군가가 의욕을 상실했을 때는 비난하거나 억지로 끌고 가서는 안 되고 자연스럽게 형식을 바꾸어가며 동기부여를 해주는 것이 좋습니다.

ㅇ 특히 아이 학년이 높아질수록, 부모가 먼저 가족활동을 버리고 입시육아로 뛰어드는 경향이 있습니다.

'나'를 잃지 않고
수험생 엄마가 되는 법

'나를 찾는 법 1~13'까지를 착실히 실행해온 '나'의 아이는 아마 스스로 대학에 갈지 말지를 결정할 겁니다. 대학 대신 취업을 선언할 수도, 여행을 떠난다거나 요리학원에 다니겠다고 할 수도 있을 거예요. 풍성한 가족문화 속에서 늘 서로를 지켜보고 대화해온 부모에게 그 선택은 느닷없이 느껴지지 않을 겁니다. 부모는 아이가 고민해온 과정을 잘 알고 있기에 아이의 최종 선택을 존중해줄 겁니다. 그리고 아이가 추진력 있게 미래를 설계해나가는 과정을 자랑스럽게 여길 거예요.

만약 아이가 대학에 가겠다고 한다면, 이 경우 아이는 '자동적'으로가 아닌, '자발적'으로 수험생이 된 거예요. 자신에게 대학이 왜 필요한지, 대학에 가서 뭘 공부하고 싶은지, 졸업 후 어떤 일을 하고 싶은지까지 나름의 계획을 세워두었을 겁니다. 가정의 경제적 상황도 다 파악하고 있어서, 자신이 실제로 선택 가능한 대학을 놓고 부모와 상의할 거예요. 그러고 나면 '나'는 수험생 학부모가 되겠지요.

수험생 엄마가 되어도, '나'는 내 활동을 꾸준히 할 거예요. 하지만 1~2년 정도, 나는 아이 일과에 맞춰 내 활동을 조정해줄 거예요. 아주 상식적인 선에서 말입니다.

– 아이가 밥을 거르지 않도록 챙겨줍니다.

– 아이가 알람을 듣지 못할 땐 깨워줍니다.

– 아이가 보내달라는 학원에 보내줍니다. (엄마가 필요성을 느껴서도 아니고, 선행은 더더욱 아니에요.)

– 학교와 학원에서 제공하는 무료 진로상담에 아이와 함께 각각 한 번씩만 갑니다. (어차피 서로 비슷한 대학을 얘기할 테니까요.)

– 거기서 현재의 성적과 스펙으로 갈 대학들을 추천받습니다. (여기서 키워드는 '현재'입니다. 갑자기 성적을 더 끌어올리고 스펙을 더 만들어낼 궁리를 하는 게 아니에요. 그 순간부터 학원은 환호하고 학부모는 거금을 쓰고 아이는 가장 비교육적인 편법을 배우게 됩니다.)

– 추천 대학들을 놓고 가족회의를 합니다. 최종적으로 아이가 대학과 전공을 선택합니다. (절대 추천받은 대학보다 높은 대학을 상의하지 않습니다. 내 아이 교육의 목표는 대학이 아니라 'THE 가치' 이니까요.)

– 자기소개서부터 원서작성 및 제출까지 아이가 전 과정을 주도하게 합니다. (엄마가 뭘 잘 모르고 정보도 부족한 게 아이에게는 도움이 됩니다. 믿는 구석이 없을 때 더 열심히 뛰게 되어 있으니까요.)

- 필요한 정보는 온라인에 무료로 공개된 정보를 활용합니다.
(대학사이트나 입시정보 커뮤니티 등 요즘 온라인에서 무료로 공개되지 않은 정보는 거의 없습니다. 공개되지 않은 정보는 돈과 힘으로 은밀히 행하는 불법과 편법뿐이지요.)
- 온라인에서 해결 안 되는 질문이 생기면 아이가 학교 진학 담당 교사나 그 대학에 직접 문의하도록 합니다. (엄마가 문의하는 게 아닙니다. 궁금증을 갖는 것도, 해결하는 것도, 주체는 아이입니다.)

막상 엄마가 할 일이 많지는 않지요? 수험생 학부모라고 해도 엄마가 할 일은 기본적인 것들에 머물고 있어서, 여전히 엄마는 매일 '내 세계'에서 '나의 활동'을 지속할 수가 있습니다. 숨겨진 정보를 찾아다닐 필요도, 비싼 컨설팅을 받을 필요도 없어요. 많든 적든, 지금까지 아이가 해낸 것들을 들고 수준에 딱 맞는 대학을 찾아 들어가는 것이지요.
이 '수험생 엄마의 역할'은 모든 대학에 적용 가능합니다. 2년제든 4년제든, 문과든 이과든, 인서울이든 아웃서울이든, 유럽이든 미국이든.

다시 한 번 강조하지만, 이것은 학교에 아이를 끼워 맞추는 게 아닙니다. 특정한 대학이 인생의 '목표'가 되어 목표 대학에 맞는 성적과 스펙을 하나씩 모으는 데 유년시절과 학창시절을 몽

땅 써버리는 그런 고릿적 방식이 아니에요.

정반대의 방식입니다. 행복한 가족의 시간 속에서 아이는 능력껏, 원하는 방식으로, 자신만의 개성 있는 세계를 만드는 거예요. 그 과정에서 스스로 대학의 필요성을 느끼면 그동안 자신의 세계에 모아둔 것들에 걸맞는 대학을 찾아 지원하는 방식입니다. 대학은 어디까지나 아이 인생의 목표가 아닌 '수단'인 거지요.

수단으로 대학을 선택한 아이는 어떤 대학에 가든 아주 잘할 겁니다. 뚜렷한 목표 없이 오직 대학을 목표로 온 아이들 사이에서 말이에요.

이와 관련해서 지인이 제게 인상적인 이야기를 들려준 적이 있어요. 서울의 유명 대학에서부터 지방의 소규모 대학까지 다양한 대학에서 학생들을 가르친 경험이 있는 지인이었지요.

"어느 대학을 가든지, 앞쪽에 앉아서 눈을 빛내고 집중하는 아이들이 있어. 그리고 뒤쪽에 앉아서 자기가 왜 거기 와 있는지 모르겠다는 표정으로 시간을 때우는 아이들이 있어. 대학이 어디든 맨 앞쪽에 앉아 있는 아이들의 학업능력엔 별 차이가 없어. 리포트든 프로젝트든 결과물이 거의 비슷해. 처음에 나는 학교에 따라 능력차가 클 거라는 편견을 가지고 있었어. 그런데 맨 앞줄의 아이들 덕분에 내가 지녔던 편견을 반성했지."

어느 대학에 있든지 맨 앞줄에 앉아 눈을 빛내는 아이들, 자신이 왜 그 자리에서 그 공부를 하는지 잘 아는 아이들, 이 아이들이 바로 새 시대에 잘 먹고 잘 살 아이들입니다. 새 시대에서 중요한 것은 특정 대학의 졸업장이 아니라, 변화하는 상황에 맞게 자신이 아는 것을 활용해내는 적극적인 태도이기 때문이지요.

그러니 주변에서 부모가 조금만 더 나서면 아이가 지금 가려는 데보다 한 계단 높은 대학에 갈 수 있다고 부추기거든, 이렇게 딱 잘라 말해주세요.

"관심 없습니다. 아이가 선택한 대학이 우리 아이에겐 딱 맞는 대학이에요." 필요하다면 "저희 모두 아이의 선택에 만족합니다"라고 말해주는 것도 괜찮겠지요. 그 말을 옆에서 듣는 아이는 여느 때처럼 엄마에게 안도와 존경을 느낄 것이고, 엄마는 그것으로 충분히 자기 자신이 대견할 것입니다.

당연한 이야기지만 수험생 학부모로서 마음이 급하다 해도 아이에게 수단과 방법을 가리지 않고 이기는 것의 비열함 같은 걸 알게 해서는 안 됩니다. 그것은 당장 아이에게 '+1'의 이득을 가져다주는 것처럼 보이겠지만, 아이의 긴 인생에 있어서 '-10'의 손실을 가져다줄 테니까요. 무엇보다 아이가 지켜보고 있다는 걸 기억해야겠지요. 눈을 초롱초롱하게 뜨고 엄마를 올려다보면서 내심 다 큰 아이는 이렇게 생각할 겁니다. '당신이 내가 존경

하는 그 사람이 맞는지 끝까지 지켜보겠어.' 그렇다면 할 일은 아주 명확해집니다. 엄마가 이 세상에서 가장 존경받고 싶은 한 사람이 있다면 그건 바로 아이일 테니까요.

이렇게 수험생 학부모 역할을 성공적으로 해낸 (네. 저런 게 진짜 성공입니다!) 엄마는 깨닫게 됩니다. 다가올 취준생 엄마의 역할도, 혼사를 앞둔 엄마의 역할도 이와 크게 다르지 않을 거라는 걸. 나와 아이는 언제까지나 이렇게 서로의 세계를, 그 안에서 벌어지는 매번의 선택을, 있는 그대로 존중하면서 평화롭게 살아갈 거라는 걸.

그렇게 '나'는 스무 살이 된 아이를 물고기를 방출하듯 내려놓습니다. 그러기 위해 만반의 준비를 착실히 해두었으니, 내 아이는 바다로 나아가 충분한 기본연료를 쓰며 '알아서' 살아갈 거예요. 그때부터 나 역시 온전히 자유롭겠지요. 본격적으로 내 활동 세계의 폭을 쭉쭉 넓히며 신나게 살아갈 거예요.

엄마의 20년 내내
운동, 운동, 운동

'나'를 찾는 법 15가지의 피날레는 운동입니다. 앞의 14가지를
모두 잊어도 이것 하나만은 꼭, 꼭, 꼭 기억하시길 바라요. '엄마
의 20년'은 체력이라는 것!

저는 저녁마다 양손에 1kg 덤벨을 하나씩 들고 걷거나 달립니
다. 돌아와서는 요가와 근력운동으로 마무리해요. 지난 7년간 거
의 하루도 빼놓지 않았습니다.
저를 이렇게 운동녀로 만든 것은 아들의 사춘기였습니다. "뭐 저
렇게 싸가지 없는 놈이 다 있노?" 소리 지르고 싶을 때마다 입
꾹 다물고 나가서 달렸어요. (물론 소리를 빽 지르고 나가서 달린 적
도 많습니다.)

아들의 사춘기는 진즉에 끝났고 운동녀는 오늘도 달리고 있으
니, 알고 보면 자식은 다 효자, 효녀인 모양입니다. 허허.

운동을 하기 전에는 제 안의 보일러가 힘이 없어서 손발이 몹시

차고 땀도 거의 흘리지 않았어요. 이제는 보일러 화력이 좋아져서 몸에 열도 늘고 땀도 제때 흘리는 체질로 바뀌었습니다. 나이 먹으면서도 근육이 많이 줄지는 않고 몸에 힘이 들어가 있는 느낌을 가지는 것은 또 다른 장점입니다.

그러나 장점 중 딱 하나만 꼽으라면, 단연 운동을 통해 우울감이 사라진다는 점일 거예요. 운동은 처진 근육만 올려 세우는 것이 아니라 처진 정신도 올려 세워주거든요.

그래서 몸과 마음이 많이 지쳐 있는 엄마들에게 저는 늘 산책부터 하라고 권합니다. 대단한 운동을 한다는 생각 말고 그저 슬리퍼 끌고 나가는 식으로 시작해보라고요. 그렇게 아주 조금씩 몸과 마음에 활력을 주는 것에 익숙해지면 조금 더 힘주어 걷게 되고 조금 더 빨리 걷게 되지요. 그럼 어느덧 운동이 되는 겁니다.

저를 본격적인 운동녀로 만든 것은 아들이지만, 사실 그 이전부터 저는 아주 '무겁고 어두운 이슈'를 만날 때마다 일단 도망치듯 나가서 걸었어요. 걸으면서, 제 자신이 나오는 대로 말을 지껄이게 내버려두었어요. 그러면 처음 15~20분 정도는 무겁고 어두운 말들을 막 내뱉어요. 타인을 원망하는 말들도 하고, 자학 어린 말들도 하지요. 나오는 대로 그냥 둬요. 그럼 제아무리 무겁고 어두운 이슈라 해도 어디 가서 중범죄를 짓고 온 건 아니기 때문에 20분쯤 되었을 때 더 원망할 말도 자학할 말도 없어져요.
(이 배설의 과정이 매우 치유적입니다.)

그때부터 주변의 것들이 보이고 들리기 시작해요. 새소리도 들리고, 노을도 보이지요. 비로소 '이슈'에서 놓여나고 주변과 새롭게 협응하기 시작하는 겁니다. 코드가 전환되고, 신선한 영양분들이 몸속으로 들어와요.

그렇게 계속 운동하면 대략 45분쯤부터 몸에 전에 없던 힘이 솟습니다. 제아무리 컨디션이 안 좋은 날도 45분까지만 버티면 힘이 생기지요. 이때가 흔히들 말하는 러너스 하이runner's high쯤 될 거예요. 온몸의 근육이 알알이 느껴지고 그 안에 내재된 힘이 뿜어져 나오는 바로 그 순간, 작은 기적이 일어나요. "괜찮아"라는 말이 튀어 나오는 거지요. 원망과 자학이 사라진 자리에, 불현듯 "괜찮아"라는 말이 마치 만트라처럼 반복해서 나옵니다.

괜찮아.
괜찮아.
괜찮아….

스스로 위로받고 위로합니다. 그리고 정말로 괜찮아집니다. 그렇게 30여 분을 내처 걷거나 뛰고 돌아오면, 그 '무겁고 어두운 이슈'가 운동하기 전보다 좀 작아져 있습니다. 혹은 제가 그 이슈를 다룰 만큼 힘이 세져 있지요.

그렇게 하루 이틀 사흘 나흘… 한 달 두 달 세 달 네 달… 죽을 것 같은 고통과 '괜찮아' 사이에서, 커졌다 작아졌다 하는 이슈와 힘이 약해졌다 세졌다 하는 제가 레슬링하며 버티는 겁니다.

누가 이길까요?
'운동을 멈추지 않는 나'가 이깁니다.

제가 멈추지 않는 한, 어느 결에 이슈가 스스로 수명을 다하거나, 제가 이슈를 다루는 법을 터득하거든요. 그렇게 운동은 제게 어려운 시기마다 가장 고마운 조언자이자 상담사 역할을 해주었어요.

흔히들 힘과 근육을 남자들의 필수품처럼 생각하는데 그렇지 않습니다. 여자들이야말로 매일 의식적으로 노력해서 챙겨야 해요. 왜냐하면 여자들은 따로 노력하지 않으면 힘과 근육을 얻기 어려우니까요. 말 안 듣는 아이도, 화병 부르는 남편도, 가사도, 일도, 모두 체력이 밑바탕 되어야 붙잡고 레슬링할 수가 있습니다.

하지만 지금처럼 운동이 즐거워지기까지 1년도 아니고 2년도 아니고 무려 3년이 걸렸다는 사실은 고백해두겠습니다. 그 3년간 단 하루도 빼놓지 않고 "오늘은 운동을 하지 않아도 되지 않을까? 왜냐하면 오늘은 밥을 덜 먹었으니까, 오늘은 몸이 안 좋으니까…" 끝없이 변명거리를 찾았다는 사실을요. 뭐 변명을 찾는 것 자체는 괜찮습니다. 다만 그 변명에 굴복하지 않고 일어나서 운동을 하러 나가야 하지요.

그렇게 3년쯤 지나자 변명이 싹 사라졌어요. 사라지는 정도가 아니라 운동을 못하면 몸이 '움직여 달라!'고 아우성을 쳐서 그대로 잠자리에 들 수 없을 정도가 되었지요. 운동을 한 날과 거른 날의 몸의 차이를 확연히 느끼기 때문에 정말 운동을 못 할 이유가 있는 날에도 어떻게든 시간을 내 운동을 하러 뛰쳐나가게 되었어요.

운동을 하기 전에는 제 몸이지만 제가 몸과 잘 소통하지 못하는 상태였습니다. 마치 남의 몸인 양 "왜 이렇게 허리가 아프지?", "왜 매일 어깨가 아프지?" 이유를 알지 못했어요. 정 괴로울 때 병원에 가서 의사에게 이유를 묻거나 '카더라'를 듣고 몸에 좋다는 것을 일시적으로 해보는 식이었지요.

하지만 운동을 통해 제 몸의 상태를 지속적으로 '점검'하게 되자 (소통하는 것이지요) 어떤 요인들이 몸을 보호하는 데 필요한지,

어떤 요인들은 방해가 되는지 스스로 구분해낼 수 있게 되었어요. 저절로 몸에 필요한 것은 들이고, 방해가 되는 것은 멀리 하는 방식으로 생활의 우선순위가 정돈되더군요. 몸의 요구를 들어주는 생활로 재편되는 거지요.

써놓고 보니, 운동 또한 계룡산 시절과 다를 바가 없네요. 만 3년이 필요하다는 점에서, 방치했던 자신의 목소리를 경청해주고 차츰 나를 아끼는 법을 터득해나간다는 점에서.

독박육아 하는 엄마들은 나가서 좀 뛰고 싶어도 한순간도 혼자 있을 수 없는데 어떻게 운동을 하냐고 질문하실 수 있을 거예요. 저도 지독한 독박육아를 했는데, 제 경우 그냥 아이를 데리고 나갔습니다. 신생아기(생후4주)가 끝나자마자 유모차를 미는 것으로 운동을 삼았고, 걸음마 하면서부터는 아이와 아이처럼 함께 뛰어노는 것을 운동으로 삼았어요.

이때는 운동도 운동이지만 아이와 단둘이 고립된 실내생활의 스트레스를 푸는 것이 매우 중요했어요. 일단 밖으로 나가면 아이가 엄마에게서 떨어져 나가고 지렁이든, 물웅덩이든 다른 것에 집중하게 되었지요. 그 시간이 엄마인 제게 꼭 필요했어요. 지렁이나 물웅덩이가 아이를 돌보는 동안 저는 잠시 나무와 바람을 느낄 수 있었는데, 그 시간이 참 좋았어요.

함께 놀 때에도, 실내에선 아무래도 동작이 작고 정리할 것을 염두에 두는 방어적인 놀이친구 역할을 했다면, 밖에선 큰 동작을 하고 흙이나 나뭇잎을 마구 어지르며 노는 적극적인 놀이친구가 되어줄 수 있어 좋았어요. 사실 그렇게 세게 놀고 나면 아이보다 제가 더 좋았던 것 같아요. 어차피 노래방도 영화관도 못 가는 신세, 못 노는 스트레스를 그렇게 확 풀어버린 거지요. 그래서 비가 오나 눈이 오나 밖으로 나갔고 아이가 더러운 걸 만지든 바닥을 구르든 거의 모든 것을 허용했습니다. 그 발걸음으로 아마 겁 없이 터키도 떠났을 겁니다.

독박육아 하면 애도 상하고 엄마도 상한다, 꼭 육아공동체를 만들어라 강조했지만 여러 상황으로 육아공동체에 함께하기 여의치 않으신 분들께는 일단 애 데리고 나가서 좀 뛰어놀 것을 권합니다.

◇

자, 지금까지 총 15가지의 '나를 찾는 법'을 다뤘습니다.

우리, 이쯤에서 한번 정리를 해볼까요?

'나'는 충실히 내 세계를 잘 가꿔요.

내 세계를 가꾸는 동안

인생에서 가장 중요한 'THE 가치'도 발견합니다.

'THE 가치'는 내가 성적분리불안에서 벗어나게 도와줘요.

아이가 성적을 가져오면 그대로 받고

아이가 요구하는 만큼만 지원해줘요.

가정의 나머지 자원은

무조건 행복한 가족의 시간을 위해 사용해요.

행복한 가족의 시간 속에서

가족문화가 탄생합니다.

온 가족이 그것을 누려요.

가족문화는

아이에겐 소중한 체험이 되고

가족에겐 귀한 추억이 되며

'THE 가치'가 담긴 사회적 활동으로 확대되기도 합니다.

아이는 이 경험들을 쌓으며

자신의 세계를 만들고 독립합니다.

여기에 복잡할 것은 없어요.

'좋은 엄마'가 되는 것은,

본래 복잡하고 어려운 일이 아니거든요.

아이에게 한 공기의 밥을 떠줄 때처럼

너무 많으면 덜어주고

부족하면 채워주는

매우 상식적인 일이거든요.

이제 '좋은 엄마' 밑에서 자란 아이에겐

이런 좋은 일들이 벌어질 겁니다.

첫째, 친구들에게 자랑거리가 생깁니다. "우리 엄마랑은 대화가 잘 돼.
늘 날 존중해주시거든."

둘째, 돈이 생깁니다. 사교육비를 차곡차곡 모았으니 방학마다 해외문
화탐방도 가능할 만큼.

셋째, 시간이 생깁니다. 주말마다 캠핑을 갈 시간, 방학이면 국토대장
정을 떠날 시간. 멍 때리며 상상에 빠지는 창의적인 시간, 상상한 것을
실행에 옮길 시간. 행복지수가 확 높아질 뿐 아니라, 자신의 미래를 실
제로 설계해볼 수 있는 과감한 선택들이 가능해지는 시간.

넷째, 엄마에게서 자기 삶을 성실히 돌보는 법을 배웁니다. ○

다섯째, 불균형한 입시육아로 대학만 한두 칸 높여 갔을 때보다, 썩 균형 잡힌 인생을 살게 됩니다. ○○

○ 엄마가 자기 삶을 돌보지 않고 아이에게만 집중하면, 아이도 엄마의 간섭과 통제를 막아내는 데만 집중합니다. 아이들은 본래 근시안적이어서 (식탁 전체를 보지 못하고) 가장 가까이서 가장 직접적인 고통을 주는 적에게 전투력을 집중하니까요.

○○ '균형'이 깨어진 육아를 통해 성인이 되면, 성장과정에서 생긴 불균형을 메꾸는 데에 많은 시간을 보내게 됩니다. 자신의 가정을 꾸려서도 그 불균형을 메꾸는 데에 치중한 나머지 또 다른 불균형을 낳지요.

◇

15가지 '나를 찾는 법'을
통과하느라 수고 많았어요.

이제 네 번째,
마지막 여행을 떠나봅시다.

타임머신을 타고
미래로,
미래로.

'나'는 나이가 들었고
내 아이는 어느덧 어른이 되어 결혼을 했어요.
나는 친정엄마 또는 시어머니가 되었지요.

나는 내 아이 또는 사위나 며느리에게 말합니다.

"내 걱정은 하지 마라.

나는 매일 등산하며 건강을 관리하잖니.

오늘도 등산 친구들과 점심 먹고 나서

노래교실에 갈 거란다.

하루하루가 새롭고 즐겁다.

나한테 신경 쓸 건 아무것도 없다.

너는 네 가정만 잘 챙겨라."

우리가 이런 친정엄마나 시어머니한테 뭐라고 하지요?

"훌륭한 어머니"라고 하지요?

"나도 노년엔 저렇게 살고 싶다" 하지요?

"엄마, 난 엄마처럼 살고 싶어요."

"언제나 엄마의 삶이 좋아 보였어요."

이건 '엄마계'의 노벨상이에요.

내가 바로 노벨상을 탄
'THE 엄마'가 된 겁니다.

'나나 잘하자'로 시작해서
노벨상까지 탔으니
그야말로 성공한 인생입니다.

온 마음으로,
수상을 축하드립니다.

이제 제가 수상기념 선물로
요리를 해드릴게요.

'나를 찾는 법'의 15가지 재료를 모두 넣고

펄펄 끓이고

휘휘 저어서

힘이 펄펄 나는

'육아마녀'의 수프를.

바로,

저의 육아 롤언니의 사례지요.

그 언니의
'엄마의 20년'

제 육아 롤모델 언니의 아이는 저체중으로 태어났어요. 두 돌이 되어서야 정상적인 소화와 배설을 할 만큼 건강을 회복했지요. 성장은 느릴 수밖에. 뭐든지 느렸어요. 하지만 엄마는 세 돌이 되고 아이가 기저귀를 떼자 공동육아 어린이집에 맡겼어요. 엄마가 일을 하고 싶었기 때문에. 당장 불러주는 일터가 있었던 건 아니었어요. 하지만 전에 중고생들에게 영어를 가르쳤었기에 다시 시작하려면 할 수는 있었어요. 결정하기 나름이었는데 결정한 거지요.

발달이 느린 아이는 분리불안도 있었어요. 매일 아침 엄마와 떨어질 때 울며불며 한 시간씩 걸렸지요. 그녀는 아이를 데려다줄 때마다 아주 일찍 도착해서 아이가 울음을 그칠 때까지 기다렸다가 놓고 나왔어요. 그래도 줄기차게 맡겼어요. 유독 늦고 약한 아이도 아이지만, 세 돌까지 노심초사 그 아이를 돌봤던 엄마 자신이 이젠 하루 중 일부라도 자기 시간을 갖지 않으면 숨 막혀 죽을 것 같았거든요. 그녀는 아이를 보내놓고, 오전엔 (병약한 아이의 탄생 뒤 내내 부족했던) 잠을 보충했고 오후엔 아이들 가르치는 일을 시작했어요.

공동육아 어린이집은 부모들이 함께 운영하지요. 그녀는 덜 여문 아이를 맡기는 대신, 어린이집에서 부모의 손길을 필요로 할 때면 어떻게든 시간을 쪼개 달려가 일했어요. 청소든, 회의든, 운전이든. 자기가 온종일 일대일로 아이를 붙잡고 스트레스 상황과 씨름하기보다, 아이가 속한 집단의 질을 높이는 것으로써 결과적으로 아이 양육의 질을 높일 수 있다고 믿은 거예요. 엄마 자신이 대학 때 경험했던 여러 단체 활동이 '나'보다 '우리'의 힘을 믿도록 해주었지요.

아이는 천천히 적응했어요. 워낙 느리고 작아서 엉뚱한 행동으로 또래에게 얻어맞기도 하고 또래에게 웃음을 주기도 했어요. 하지만 워낙 순하고 고운 아이여서 졸업할 무렵엔 모두와 아주 잘 지냈어요. 이 뭐든 뒤처진 아이에게는 남보다 앞서는 재능이 하나 있었는데, 타인을 챙기는 거였어요. 어린 동생들이 넘어지면 다가가 손을 잡아주었고, 같은 반에 있던 장애아가 필요한 게 있을 땐 가장 먼저 눈치채고 도움을 주곤 했어요. 한마디로, 이 아이의 재능은 '주변을 살피는 선함'이었던 거예요. 요즘 사람들이 "착해봤자 손해만 본다"고 말하는 바로 그 선함이요.

초등학교를 보낼 무렵, 엄마는 망설였어요. 공동육아 어린이집의 몇몇 아이들이 대안학교를 선택했거든요. 대안학교에 가면 공동육아만큼이나 부모가 할 일이 많잖아요. 이 엄마는 이제 좀 편해지고 싶었어요. (사실 이때쯤 모든 엄마가 그런 마음이 들기도 하지요.) 일반초등학교로 아이를 보내놓고 학교운영 같은 건 모른 척하고 싶었어요. 하지만 아이에게 ㄱ과 ㄴ을 가르쳐봤는데, 몇 달째 구분을 못하는 거예요. 1+1=2 역시 모르는 거예요. 게다가 여전히 철마다 독감이다 중이염이다 툭하면 앓아누웠어요. 그녀는 아이가 '일반초등학생'이 되기엔 아직 더 세심한 보살핌이 필요하다는 것을 인정해야 했어요. 학교일을 열심히 하기로 결심하고 대안학교에 보냈어요.

아시다시피 대안학교는 입시가 목적이 아니에요. 학업보다 체험과 인성, 관계가 중심이지요. 아이는 다른 모든 아이들과 잘 지냈어요. 여전히 약자를 보살폈고 강자에게는 특유의 친화력으로 다가갔어요. 전체를 위해 봉사하는 일도 기꺼이 했어요. 아이들이 청소를 하다 말고 집으로 가면 혼자 남아서 조용히 남은 청소를 했죠. 한 번도 생색을 내거나 불평조차 하지 않으면서. 대안학교적 관점에서 본다면 진짜 우등생이었던 거예요. 공부? 말도 마세요. 5학년이 되어서야 한글을 뗐어요. 하지만 그동안 점수도 시험도 없던 그곳에서는 아무도 그런 아이를 바보라 부르지 않았어요. 학업수행능력은 저마다 다른 거고 기다려줘야 한다고 믿었지요. 특히 교사가 가장 그것을 믿고 아이를 안심시 켜줬어요. 이 아이에게 '교사'란, 언제라도 믿고 의지할 수 있는 '스승'이었어요.

아이가 알파벳을 익힌 건 중학교 입학 무렵이었어요. 그제야 수 학도 초등과정을 느릿느릿 따라갔어요. 그사이 아이가 열심히 했던 건 인라인스케이트, 수영, 볼링 같은 거였어요. 학교 친구들 과 몰려다니면서 허구한 날 머리에 혹이 나도록 무릎이 까지도 록 그런 운동을 했어요. 온 동네를 구석구석 탐험하며 다양한 모 험도 했어요. 곤충을 잡거나 개천에 빠지거나 어두워지도록 놀 이터를 장악하거나. 워낙 친밀한 공동체에 속해 있다 보니, 아이 는 친구 가족의 대소사를 마치 진짜 가족의 일처럼 겪었어요. 누 군가의 아버지가 위중한 병실에 문병을 가거나, 부모가 이혼한 친구의 눈물을 닦아주거나, 새로 태어난 친구 동생의 기저귀를 갈아보거나. 친구가 가장 많았던 이 아이는 그 모든 동정의 중심 에서 한 마을을 역동적으로 체험했어요.

학교에서 하는 활동에도 열심이었어요. 공부 빼곤 다! 중학생이 되어서는 소풍 기획을 돕기도 했고, 회의를 거듭하며 학교행사 를 직접 준비하거나, 외부손님들 앞에서 마이크를 잡고 사회를 보기도 했어요. 일반학교에서라면 열등생으로 분류되었을 그 아이는 그곳에서 자신의 유년을, 자신만의 속도를 온전히 보호받았어요. 나아가 자신의 장점을 충분히 조명받았지요.

엄마는 어떻게 지냈을까요? 그녀는 그 학교에서 학부모 역할을 열심히 했을 뿐 아니라, 유난히 학업적으로 느린 자신의 아이를 가르치는 교사들에게 보답하는 의미로 그 학교에서 방과 후 영어 수업 자원봉사를 했어요. 물론 과외 수업을 하는 틈틈이 한 것이지요.

그녀의 과외 수업도 약간 특이했는데, 문제가 많은 가정의 아이를 우선적으로 맡았어요. 그런 아이가 교사인 자신을 믿고 마음을 열 수 있도록 엄청 공을 들였지요. 그 이유를 그녀는 이렇게 설명했어요. "문제가 있는 가정의 아이들은 그 문제를 먼저 더듬지 않으면 공부를 잘 할 수 없기 때문이다. 또 문제가 없는 아이들은 굳이 내가 아니라도 가르칠 사람이 많기 때문이다." 그녀는 여러 학생으로부터 돈을 많이 버는 강사보다, 단 한 명일지라도 자신을 꼭 필요로 하는 학생을 가르치는 강사가 되고 싶다고 했어요. 당연히, 그녀에게 아이를 맡긴 엄마들은 결국 그녀를 찾아와 아이에 대한 상담을 하게 되었어요. 말이 학부모 상담이지, 실은 불행한 가정을 이끌어가는 엄마들의 신세 한탄에 가까웠어요. 그녀는 자신에게만 속을 털어놓는 아이와, 그 아이가 절대 속을 털어놓지 않는 학부모 사이에서 메신저이자 멘토 역할을 했어요. 그러고 나면 거짓말처럼 아이의 성적이 올랐어요. 그게 그녀가 일하는 방식이었어요. 엄청나게 공력이 드는 일이었지만, 강남의 학원들처럼 따로 학부모 상담비를 받거나 하지는 않았어요. 대신 엄청나게 많은 눈물과 감사와 보람을 받았지요.

그녀의 가족에게는 '수다 문화'가 있었어요. 모두가 떠들어대기를 좋아했지요. 게다가 공동체 속에 들어 있으니 이야기의 소재는 언제라도 넘쳤어요. 누구네 엄마가 넘어져서 발목을 삐었다, 국어 선생님한테 애인이 생겼다, 아무개랑 아무개가 사귄다 등등. 꼭 공동체가 아니더라도 한 가정에서 성적이나 학업 이야기가 빠지면 대화의 소재가 엄청나게 넓어지지요. 특히 아이가 클수록 그런데, 아이들은 자신에 대한 평가가 없는 부모 앞에서만 조잘조잘 자신의 생활을, 나아가 꿈을 공유하기 마련이거든요. 이 가족은 주말의 식사시간에 모이면 시간 가는 줄 모르고 떠들었어요. 그 시간을 모두가 너무나 좋아했어요.

그녀는 요리를 정말 못했어요. 남편도 마찬가지였어요. 그래서 그 가족의 식사시간엔 반드시 배달음식을 먹거나 외식을 해야 했어요. (가족 '모두'에게 즐거운 시간이어야 했으니까요!) 가끔은 사정을 아는 학부모가 반찬을 가져다주기도 했어요.

그녀는 청소에도 소질이 없었어요. 다른 사람 손을 빌릴 경제적 형편도 안 되었어요. 그래서 그냥 더럽게 해놓고 사는 방법을 택했어요. 다행히 남편이 이 부분에선 그녀보다 나아서, 주말에 한 번씩 청소기를 돌렸어요. 아이에게 주어진 영역은 화장실이었는데, 아이에게 화장실을 맡기는 첫날 그녀는 이렇게 말해두었어요. "한 집안의 변기는 그 집안 남자의 얼굴과 같다. 네 아빠 얼굴이라 생각하고 잘 닦아 빛이 나고 윤이 나게 해라." 변기가 더러워지면, 아이가 모른 척하기 괴로웠겠지요?

사춘기는 어땠을까요? 평범했어요. 우리가 다 아는 그 99%의 사춘기. PC방에 들락거리고 (학원을 안 가니 게임을 할 시간이 더 많았지요) 떡볶이를 사먹고 핑크빛 연애를 하다가 말다가. 하지만 이 아이의 엄마는 비범했어요. 자신의 직업으로부터 숱하게 사춘기를 보낸 청소년들을 접했기 때문에, 그때에 엄마들이 교사인 자신을 찾아와 얼마나 많이 울었는가를 잘 알고 있었기 때문에, 그녀는 '사춘기 자녀의 엄마 역할'에 대한 확고한 정의를 지니고 있었지요.

그냥 둬라, 백약이 무효다.

개입할수록 나빠진다는 뜻이에요. 엄마가 소리를 지를수록, 아빠가 이단옆차기를 날릴수록, 아이가 백 리까지 갈 걸 천 리까지 간다는 뜻이에요. 그녀는 정말로 아들을 그대로 뒀어요. 놔두는 정도가 아니라 아예 편하게 해줬어요. 게임을 하더라도, 담배연기와 도박 사이트 드나드는 아저씨들이 가득한 PC방보다는 그래도 집이 나은 환경인 것 같아서 아예 집을 양도했어요. 아들 게임 편하게 하시라고 그녀가 집을 나가주는 거지요. 그녀는 나가서 아이들을 가르쳤고 친구들과 수다를 떨었어요. 아들에게 게임 하지 말라는 소리도 하지 않았어요. 때마다 상을 차리며 "밥은 먹고 하자"고만 했어요. 하지만 딱 한 번, 아들이 총을 쏘고 피가 철철 흐르는 게임으로 바꿔 몇 날 며칠 동안 몰입했을 때, 밥상머리에서 말했어요. "이번 게임은, 존중하는 마음으로 너를 바라봐주기가 참 힘들구나." 말이나 매는 흔할 때 전혀 위력을 갖지 못해요. 드물 때만 위력을 갖지요. 아이는 엄마의 말에 조금 부끄러운 표정을 지었어요. 곧장 그만두었냐고요? 그러진 않았어요. 그녀는 여느 때처럼 그 꼴을 보느니 집을 나와, 최대한 유쾌한 자기 시간을 가졌어요.

짧지 않은 시간이었어요. 여느 엄마 같았으면 아들 멱살이 닳도록 드잡이를 하고도 남았을 시간. 어느 날, 아이가 엄마에게 말했어요. "이제 게임은 할 만큼 했어. 컴퓨터 치워도 돼. 이 핸드폰도 엄마가 좀 맡아줘. 눈알이 빠질 것 같아. 당분간 오프라인 상태로 지내고 싶어." 사춘기의 동굴에서 나온 거였지요. 그동안

이 가정에는 그 어떤 고함도, 욕설도, 부러진 골프채도, 부서진 문짝도 없었어요. 그 어떤 강요도 요구도 없었어요. 인내와 존중만이 있었어요. 관계는 지켜졌어요. 아이는 여전히 엄마를 가장 존경했고 아빠를 가장 좋아했어요. 이후에도 매 주말마다 셋은 가족의 시간을, 그 허심탄회한 수다의 시간을 이어갔어요.

고등학생이 되자, 학교가 술렁이기 시작했어요. 왜냐하면 대안교육은 그야말로 입시위주의 현 공교육에 '대안'으로 생겨난 교육이거든요. 인성이나 다양한 체험 등 현 공교육에서 놓쳐버린 중요한 것들을 효과적으로 제공하지요. 그렇기에 공교육의 최종 목표인 '입시'와는 관련성이 없는 수업들을 해요. 이런 특징은 아이들이 저학년일 때 모두에게 환영받다가, 고학년이 될수록 각 가정마다 의견차를 야기하곤 합니다. 아이의 학교 역시 고등 과정에서 의견차가 드러나기 시작했고, 이 논란의 과정에서, 공동체의 가장 큰 기반인 '신뢰'에 금이 가기 시작했어요.

누구보다 학교공동체에서 열심이었던 엄마는 그 시간을 견디기가 괴로웠어요. 학교에서 먼 곳으로 이사했어요. 아이도 학교를 그만두고 검정고시를 준비했어요. 중등 수준의 영어도 안 되었던 아이는 고등검정고시 학원에 가서도 제일 먼저, 늘 하던 대로, 사람부터 사귀었어요. 수많은 사람들이 '필요한 자격증'을 얻으러 드나들 뿐인 학원에서, 이 아이는 해맑은 눈빛과 높은 자존감을 지닌 채, 틈만 나면 강사에게 다가가 스스럼없이 궁금한 것을 질문했어요. 두려움 없이 자신의 부족한 학업 상태를 진지하게 설명했고 도움을 구했어요. 자신을 '스승'처럼 대하는 이 보기 드문 아이를 강사들은 진심으로 도와주고 싶어 했어요. 어떤 날은 저녁을 사주며 인생선배로서 전략도 세워줬어요. 아이는 '스승'들이 주는 조언을 미련할 만큼 철석같이 귀담아듣고 하나씩 실천했어요.

굼벵이처럼, 세상에서 가장 느린 굼벵이처럼, 아이는 참고서를 읽기 시작했어요. 한글이 너무 늦어서 책 읽기는 언제나 아이에게 도전이었어요. 아이는 한 글자씩, 한 페이지씩 느릿느릿 읽었어요. 독서실이란 곳에도 처음 가봤어요. 아이는 자신의 수준 낮은 교재들이 부끄러워 가능하면 칸막이가 있는 곳에 앉았어요. 거기서 공부 대신 (어릴 적 동네 탐험을 하듯) 사람들을 면밀히 관찰했어요. 시간이 흐르자 아주 열심히 하는 아이들과 시간만 때우다 가는 아이들을 구분해낼 수가 있었어요. 아이는 다시 열심히 하는 아이들이 어떻게 그렇게 많은 공부를 해낼 수 있는지 순수하게 감탄했고, 그 아이들이 공부하는 방식을 관찰했어요. 그 아이들은 계속 책을 들여다보고 뭔가를 썼어요. 아이는 따라 했어요. 교재를, 이해할 수 있는 내용도, 이해할 수 없는 내용도 모조리 썼어요. 다섯 번씩 무식하게 교재를 베끼고 나자 손가락에 깁스를 할 지경이 되었지만 조금씩 그 내용을 이해할 수 있었어요. 그때부터는 일사천리였어요. 뭔가를 깨닫는 기쁨을 느끼기 시작했으니 속도가 났지요. 2년 뒤 아이는 칸막이 밖으로 나가서 공부할 수 있었어요.

이 시기에도 엄마가 해준 건 많지 않았어요. 사춘기 때와 똑같았지요. 때를 놓치지 않고 밥상을 차렸어요. 허약한 아이가 잘 버틸 수 있도록. 그리고 그 밥상머리에서 그날 아이가 했던 미련하고 느린 굼벵이 짓을 매번 들어줬어요. "네가 또 한 뼘 성장했구나" 격려해주면서. 저 바깥세상의 기준으로 아이를 바라봤다면 아이의 결과물은 매번 참 초라하고 아직도 멀기만 한, 아니, 어쩌면 결코 불가능한 어떤 것에 불과했을 거예요. 엄마 직업이 가르치는 일인데 우수한 아이들이 왜 안 보였겠어요? 하지만 그녀는 비교하지 않았어요. 자기 아이의 속도를 존중했어요. 언제나처럼 적은 양의 밥을 먹고, 힘든 부분은 토로해낸 아이는 다시 독서실로 돌아갔고, 엄마도 자신의 일로 돌아갔지요.

아이는 좋은 검정고시 점수를 받았고 수도권의 경쟁률 높은 2년제 대학에 장학생으로 들어갔어요. 그 집에서는 잔치를 했어요. 5학년이 되어 한글을 깨친 아이가 '장학생'이 되었다면서. 아무도 "좀 더 노력해서 4년제 가지?" 같은 말은 하지 않았어요. 언제나처럼 온 가족이 아이가 가져온 성과물을 있는 그대로 기뻐했던 거지요.

아이는 대학에 가서 뭘 했게요? 다른 친구들이 그 학교를 반수하면서 4년제 대학으로 편입할 징검다리 정도로 생각할 때, 맨 앞줄에 앉아서 말똥말똥 '스승들'을 바라봤어요. 이제 막 맛 들인 배움에 눈을 빛내면서. 또 늘 하던 대로 스승들을 찾아가 자신의 상태를 겸허히 밝히고 질문하고 조언을 구했어요. 당연히 교수들은 이 아이를 예뻐했어요. 아이는 아르바이트하고, 교제하고, 공부했어요. 아주 싱싱한 스무 살 청년이 할 수 있는 모든 것을 의욕적으로. 거짓말처럼 매 학기 올 A 만점을 받았어요. 전액장학금은 물론 학교에서 제공하는 해외연수도 다녀왔어요. 지금 아이는 군복무를 하고 있어요. 겨우 일등병이 되자마자 상병들을 제치고 분대장으로 임명됐어요. 늘 타인을 챙기고 궂은일을 마다 않는 아이는 거기서도 눈에 띄었던 거죠. 제가 이 책의 맨 앞에서 말했던 기본연료가 충분한 아이, 어디에 가나 사람들이 "너 참 괜찮다! 나랑 일하자!"며 꽉 붙잡고 놔주지 않는 그런 아이가 된 겁니다.

엄마의 결말은 어땠을까요? 우리는 자식들의 결과물만 중시하는 사람들이 아니니까요. 일단 그녀는 아들이 드디어 떨어져 나갔다며 만세를 불렀어요. 그리고 새로운 50대의 과제에 도전했어요. 아들이 독립한 만큼 자신에게 쏟을 수 있는 에너지가 훨씬 많아졌다고 생각한 거지요. 그녀는 대학교 때 운동권 활동하느라 도전하지 않았던 전공과 관련된 고시를 준비하고 있어요. 어제 먹은 반찬도 생각 안 나는 50대에 어떻게 고시를 준비하냐고요? 저도 몰라요. 그런데 시작하더군요. 백 세 인생에서 본격적인 노후대책이 필요하다며, 자신이 지금까지 살면서 한 번도 열심히 해보지 않은 게 공부뿐이라며. 초반엔 여기도 아프고 저기도 쑤신다며 툭하면 전화해서 "내가 미쳤지. 왜 이 힘든 걸 시작해가지고" 엉엉 울더니, 요즘엔 전화도 없어요. 공부가 재미있다네요? 주중에 그녀의 남편은 툭하면 그녀의 학원으로 찾아가 무거운 가방을 들어줍니다. 집으로 오는 내내 엄청 수다를 떨면서요. 그들은 변함없이 서로가 서로에게 가장 든든한 동지이자 친한 친구입니다.

제 롤언니의 이야기 어떠셨나요?
가족 모두가 서로의 인격과 개성을 존중했어요.
한계는 보듬었고, 성취는 있는 그대로 축하해주었지요.
드물게 우아하고 품격 있으며
성공적인 대한민국 가정의 이야기입니다.

사실 우리 모두가 이처럼 우아하고 품격 있는
가정을 꾸릴 수 있습니다.
우리는 지성이라는 유례없이 큰 선물을 받았고
그 어느 때보다 물질적 풍요를 누리고 있으며
더 이상 과거에 얽매이지 않아도 되는
변혁의 기회까지 맞이했으니까요.

눈을 크게 뜨고 똑바로 본다면,
우리가 아이들과 불행하게 시간을 보낼 이유는
아무것도 없습니다.

슬기롭게 시절의 새로운 파도를 타고
누리며, 도전하며, 살아야 할 때임이 분명하지요.

그럼에도 불구하고 지금 우리의 육아가 불행하다면,
그것은 우리가 익숙하게 받아들인 양육방식이
주어진 상황에 맞지 않다는 뜻이며,
거기서 적극 탈피해야만 한다는 뜻입니다.

'무엇이 우리가 아이를 온전히 사랑하지 못하도록 방해하는가?'
'무엇이 우리가 힘껏 자신에게 집중하지 못하도록 방해하는가?'

저는 그 질문을 깊이 파고들었고
결국 책 한 권이 되었습니다.
이 책이 '새 시대의 엄마 역할'을 찾아가는 데에
'유일해'는 아니더라도,
'가능해'를 제시하고 있다고 믿습니다.

사랑하는 나의 시스터,

당신은 엄마가 되었지만

여전히 무궁무진한 가능성을 지녔습니다.

엄마란,

고작 아이의 일거수일투족을 감시하는 사람이 아닙니다.

일개 학습코치나 잔소리꾼도 아닙니다.

본래 엄마란,

삶의 가치와 태도를 가르치는 사람입니다.

그로써 평생 아이에게 사랑과 존경을 받는 존재입니다.

그것이 진정한 엄마의 역할입니다.

당신은,

당신이 생각하는 것보다

훨씬 크고 강한 존재입니다.

당신에게 기회를 주세요.

당신의 성장이
'당신'의 가정뿐 아니라
'우리'가 살아가는 세상을 더 멋지게 만들 겁니다.
'내 아이'뿐 아니라,
'우리 아이들'이 살아갈 미래를 더 이롭게 만들 겁니다.

할 수 있어요.
'우리', 함께해봐요.

2019년 11월 25일

언니, 오소희

엄마의 20년

1판 1쇄 발행   2019년 12월 5일
1판 14쇄 발행   2023년 8월 15일

지은이   오소희
발행처   (주)수오서재
발행인   황은희, 장건태
책임편집   황은희
편집   최민화, 마선영, 박세연
디자인   권미리
마케팅   장건태, 황혜란, 안혜인
제작   제이오
주소   경기도 파주시 돌곶이길 170-2 (10883)
등록   2018년 10월 4일(제406-2018-000114호)
전화   031)955-9790
팩스   031)946-9796
전자우편   info@suobooks.com
홈페이지   www.suobooks.com
ISBN   979-11-90382-07-6 (13370) 책값은 뒤표지에 있습니다.

이 도서의 국립중앙도서관 출판시도서목록(CIP)은 서지정보유통지원시스템
홈페이지(http://seoji.nl.go.kr)와 국가자료공동목록시스템(http://www.nl.go.kr/kolisnet)에서
이용하실 수 있습니다.(CIP제어번호:CIP2019046740)

도서출판 수오서재守吾書齋는 내 마음의 중심을 지키는 책을 펴냅니다.